FUN ANIMALS

COLORING

BY NUMBERS

ISBN: 978-0-9997408-4-2

Printed in the U.S.A.

1 = Brown	2 = Purple	3 = Red	4 = Yellow	5 = Orange	6 = Green

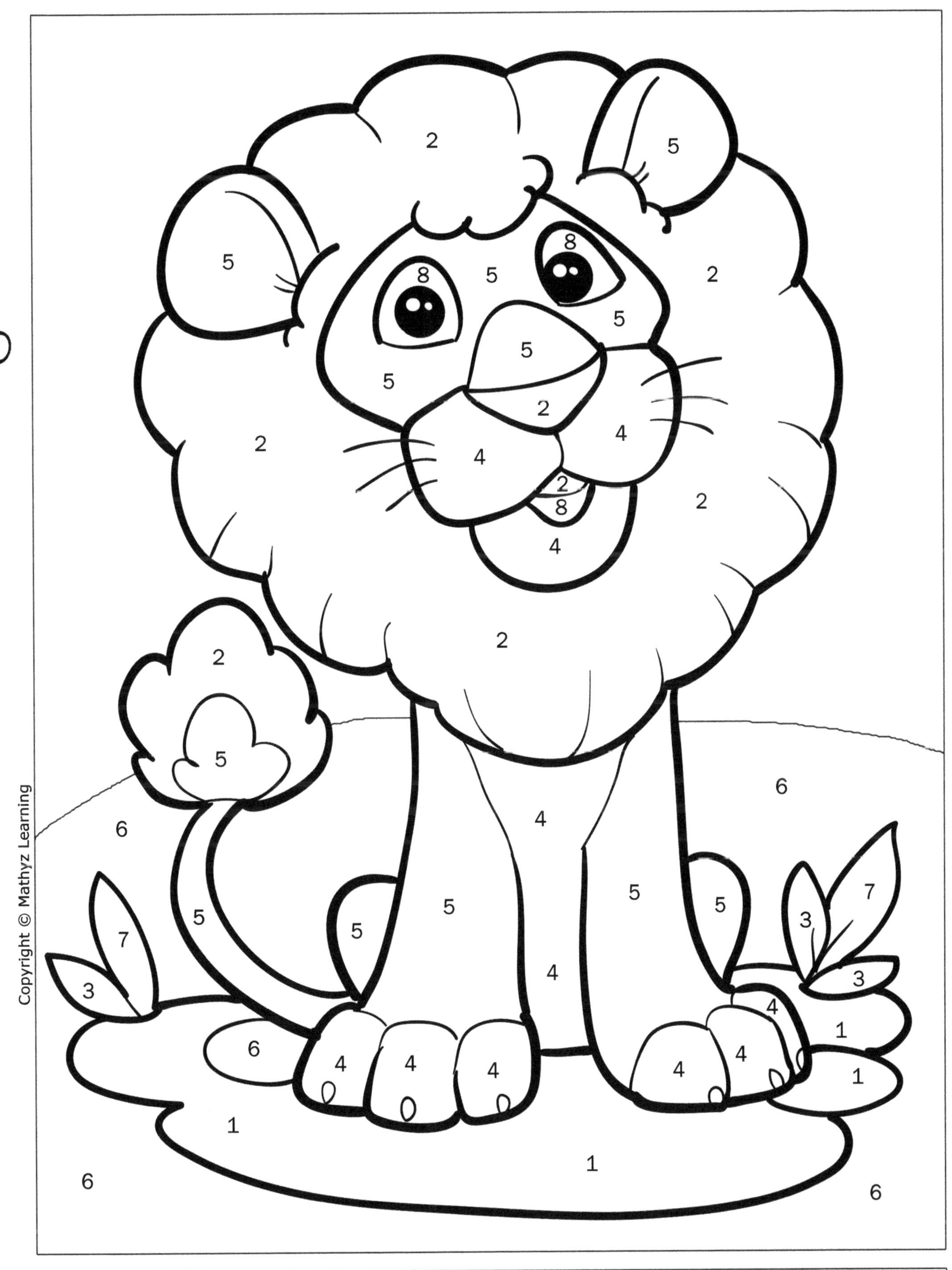

1 = Gray	2 = Brown	3 = Red	4 = Yellow	5 = Orange	6 = Green
7 = Blue	8 = White				

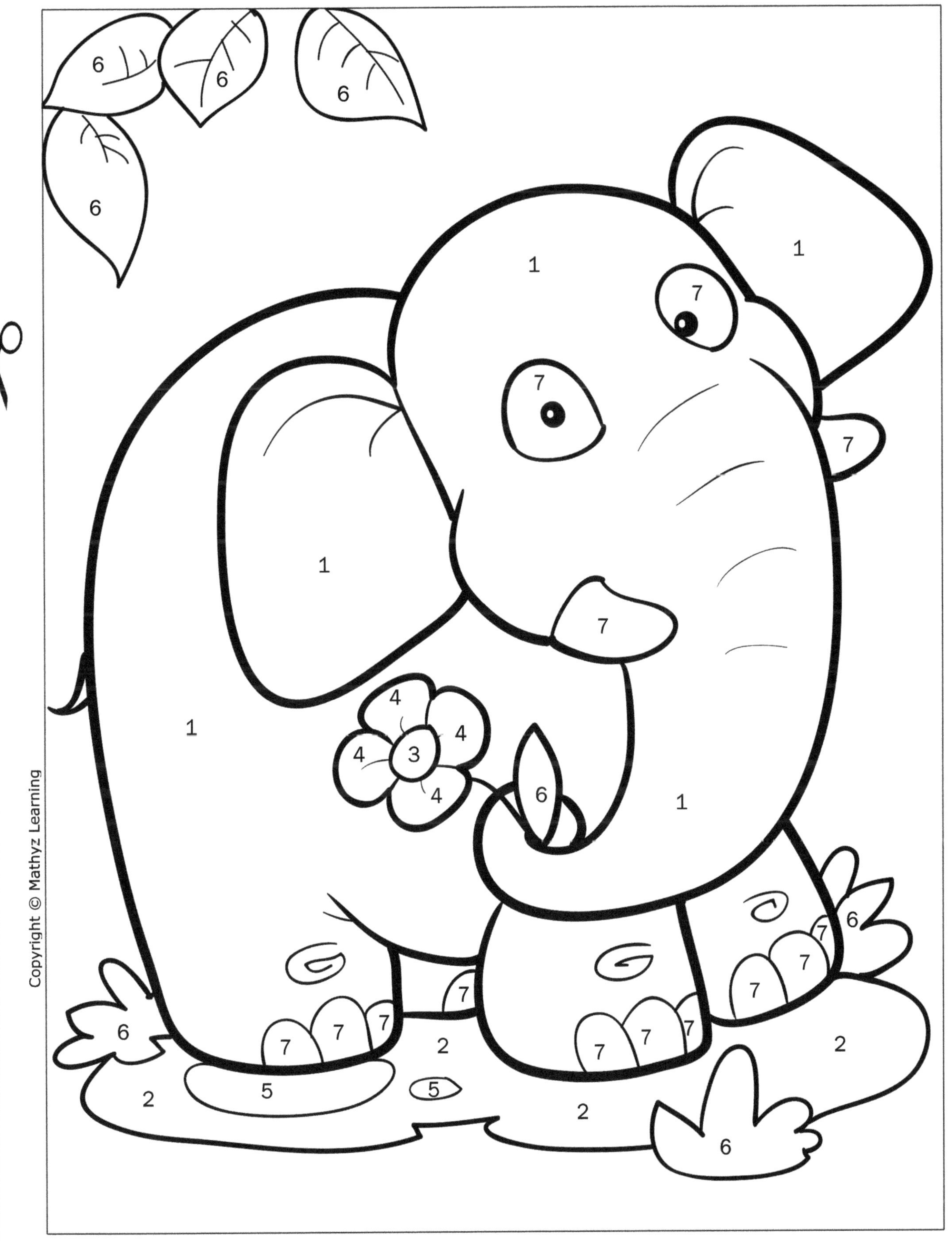

1 = Gray 2 = Brown 3 = Red 4 = Yellow 5 = Orange 6 = Green
7 = White

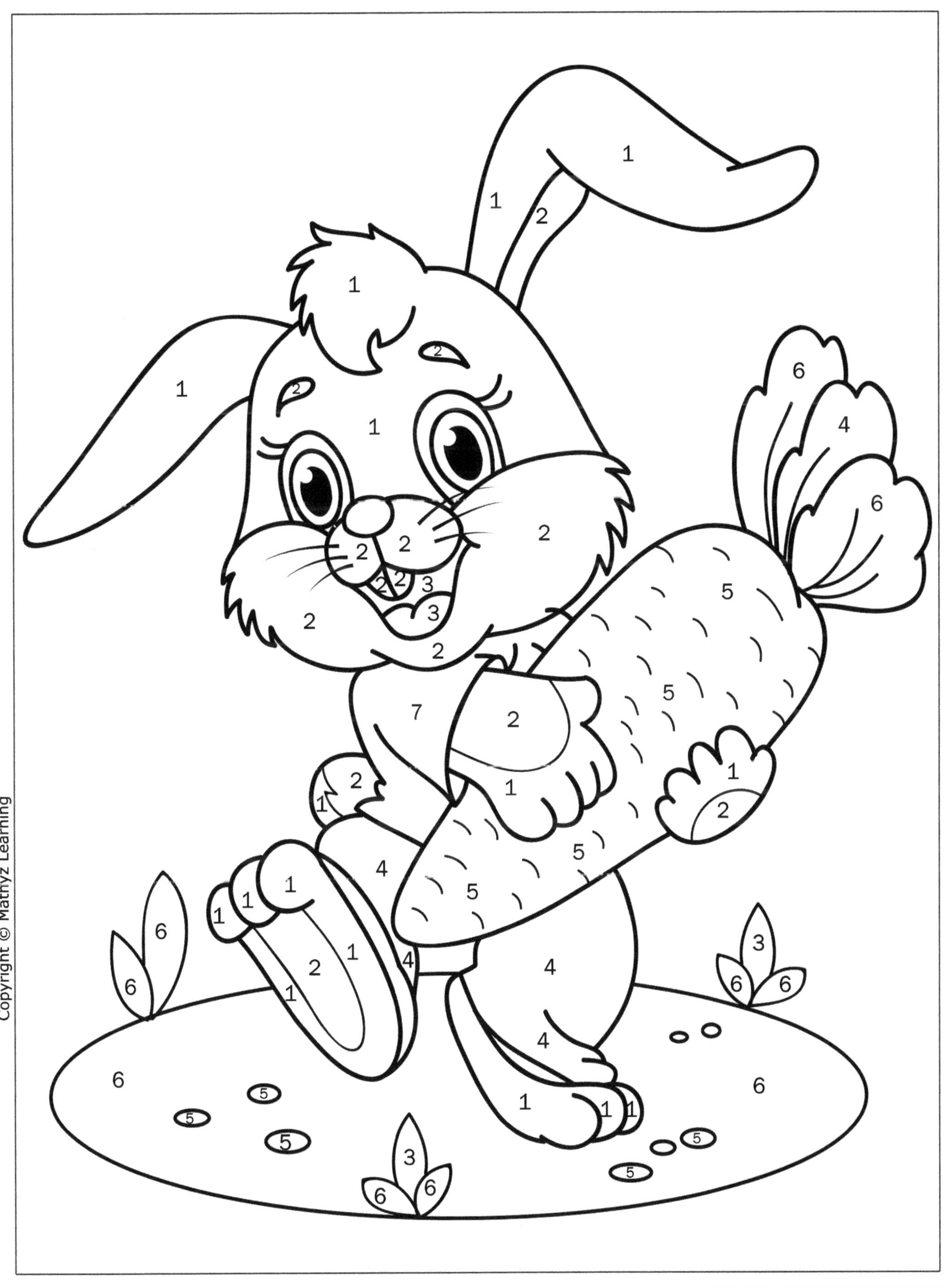

1 = Gray 2 = White 3 = Red 4 = Yellow 5 = Orange 6 = Green
7 = Pink

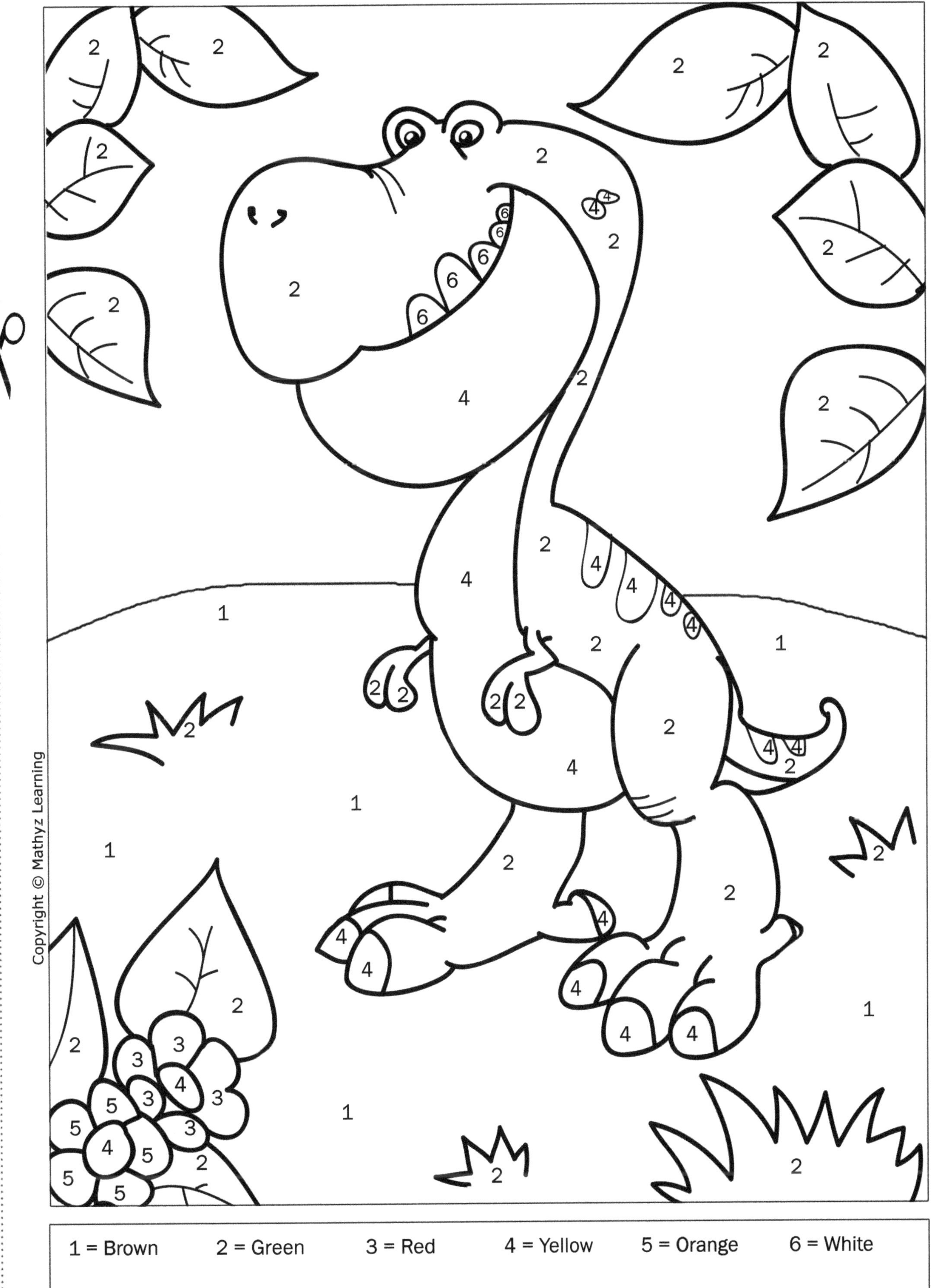
1 = Brown
2 = Green
3 = Red
4 = Yellow
5 = Orange
6 = White

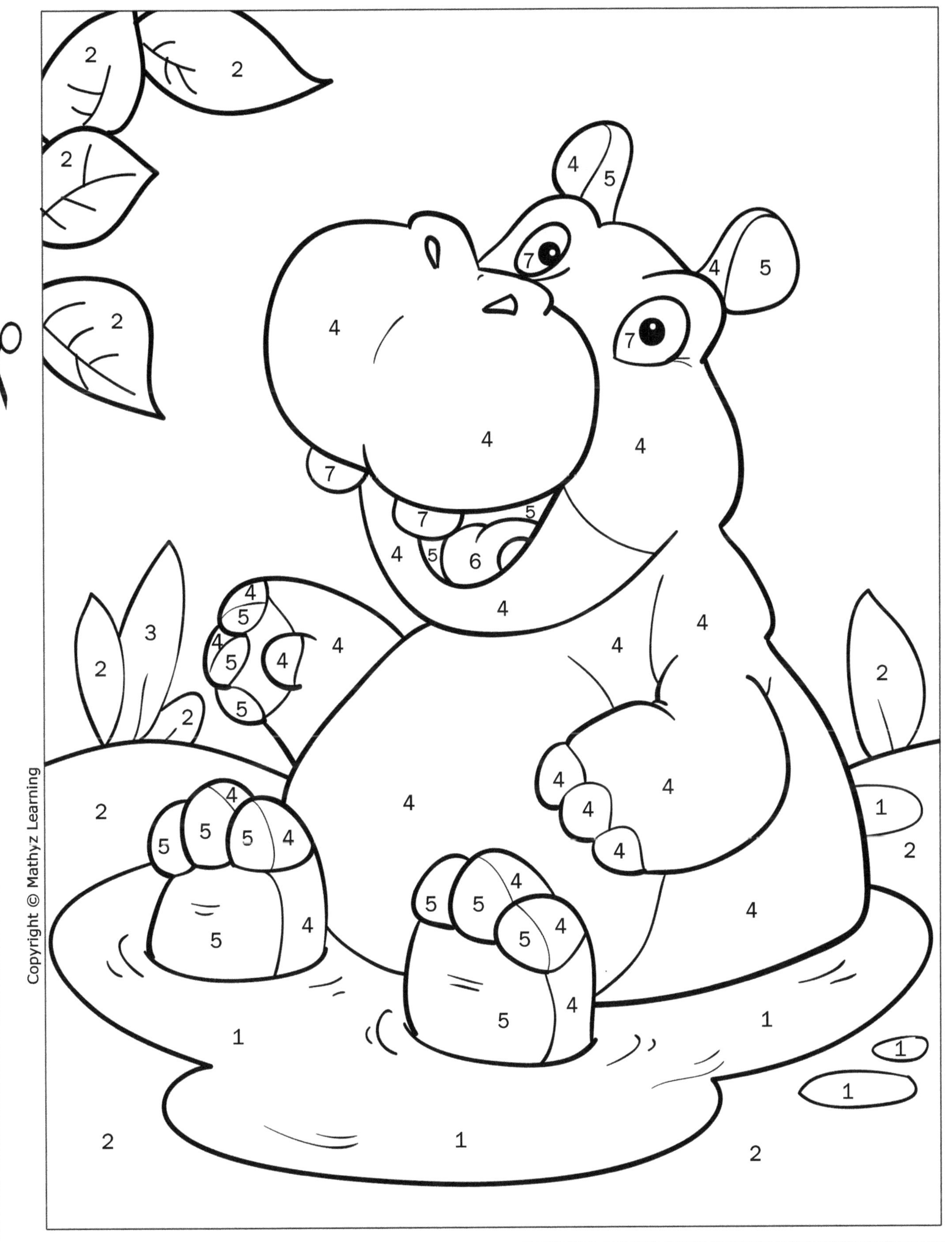

1 = Blue 2 = Green 3 = Yellow 4 = Purple 5 = Pink 6 = Red
7 = White

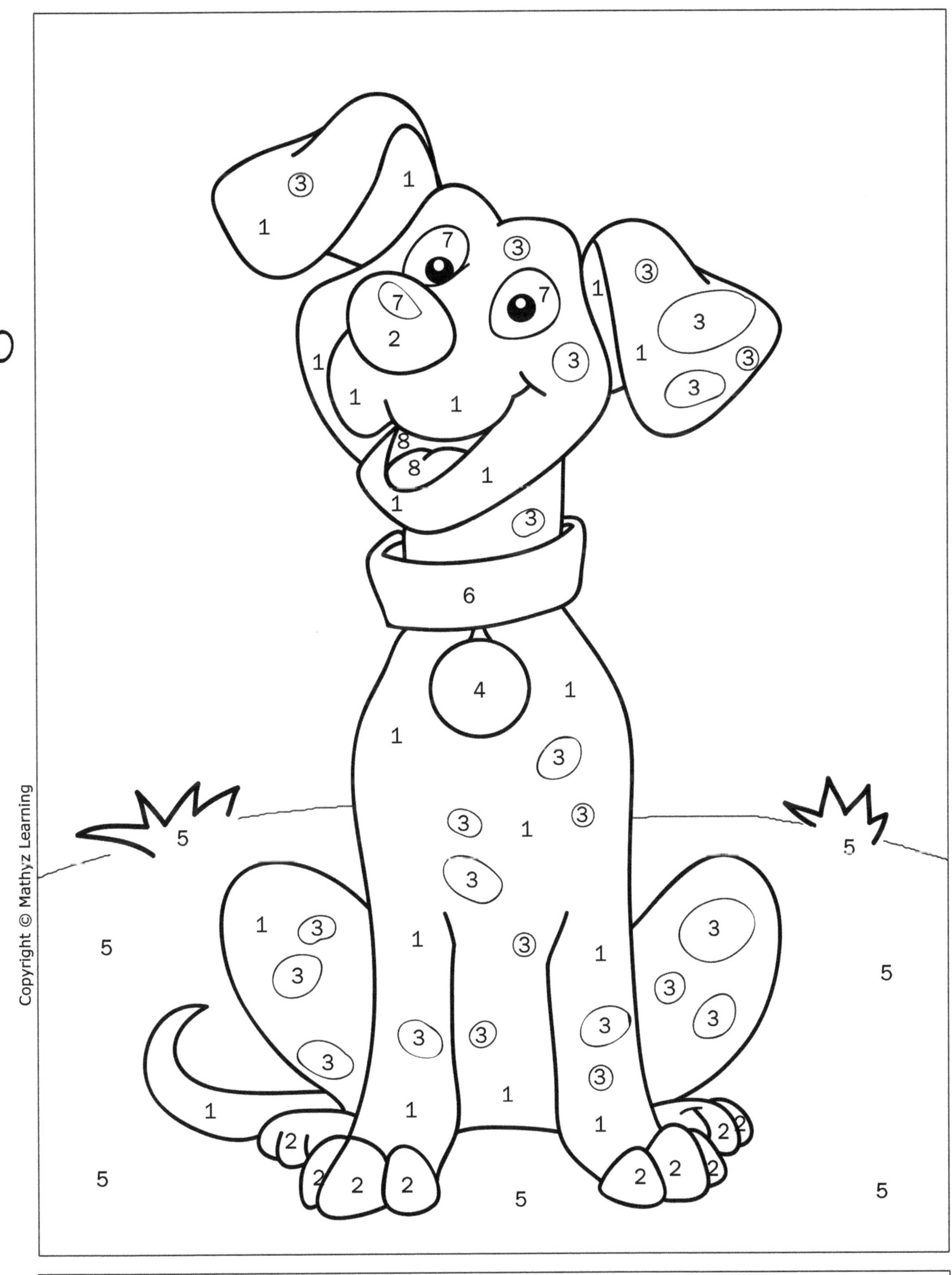

1 = Orange	2 = Black	3 = Brown	4 = Yellow	5 = Green	6 = Blue
7 = White	8 = Red				

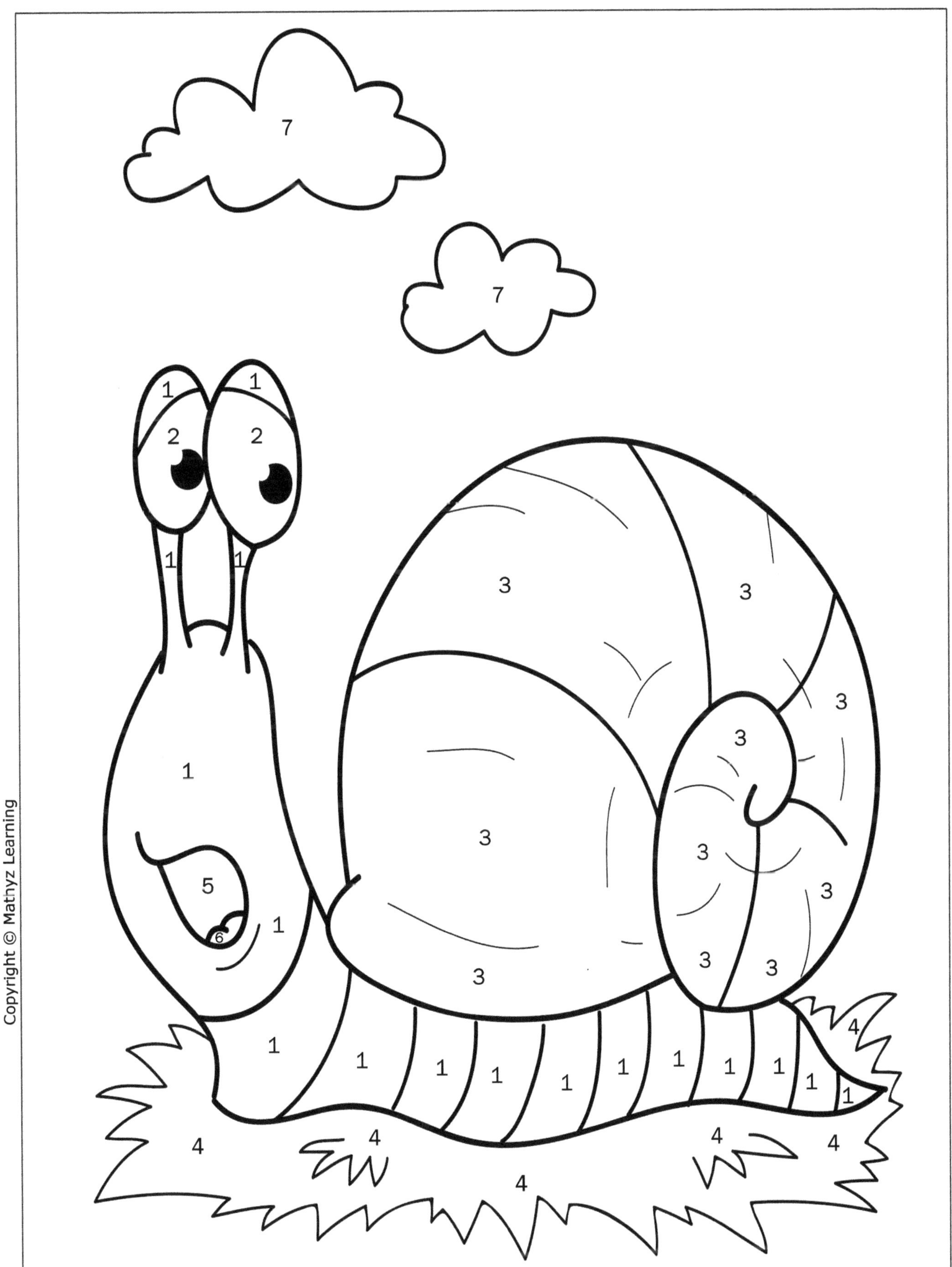

1 = Green 2 = White 3 = Brown 4 = Yellow 5 = Pink 6 = Red
7 = Blue

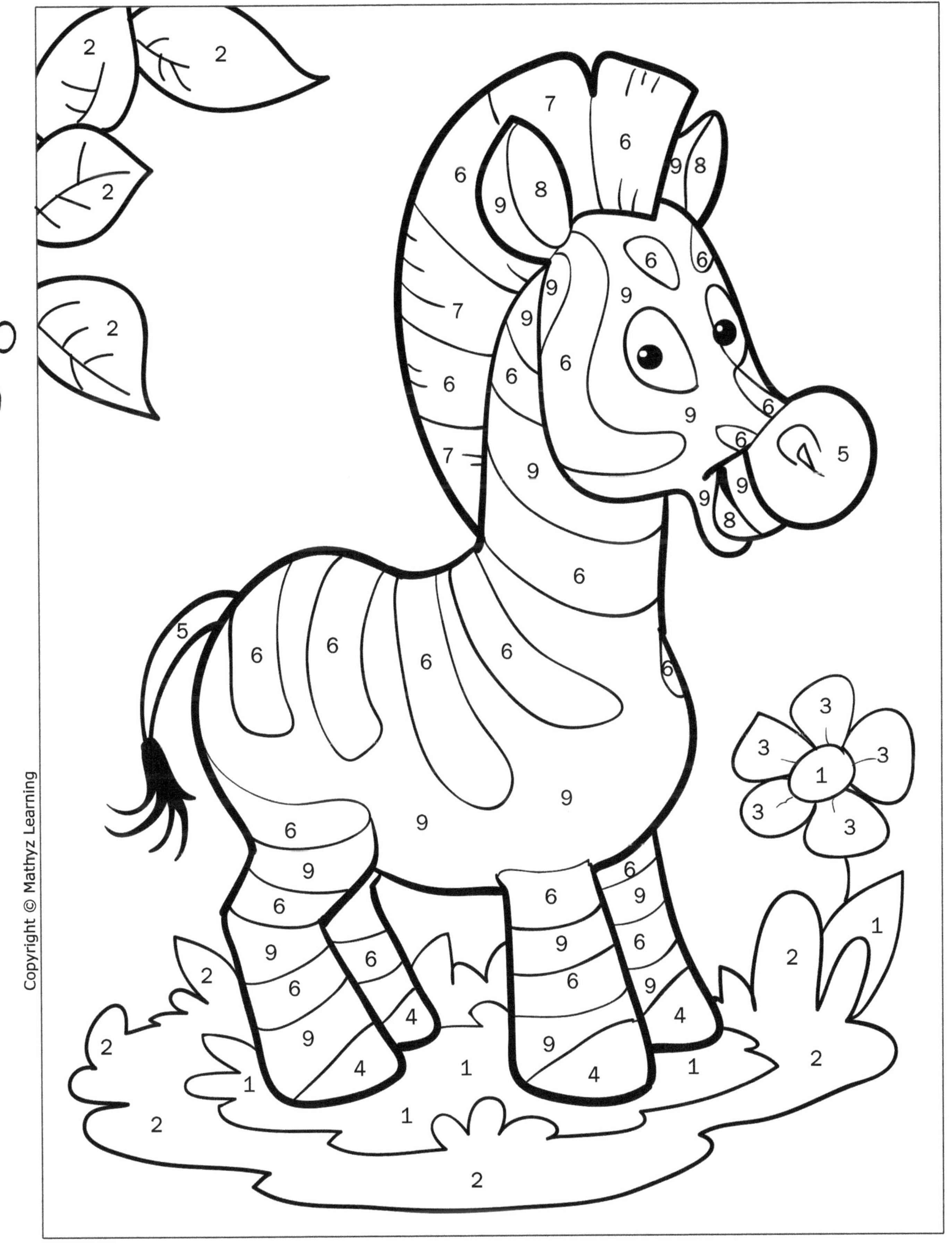

1 = Yellow	2 = Green	3 = Red	4 = Gray	5 = Brown	6 = Black
7 = Orange	8 = Pink	9 = White			

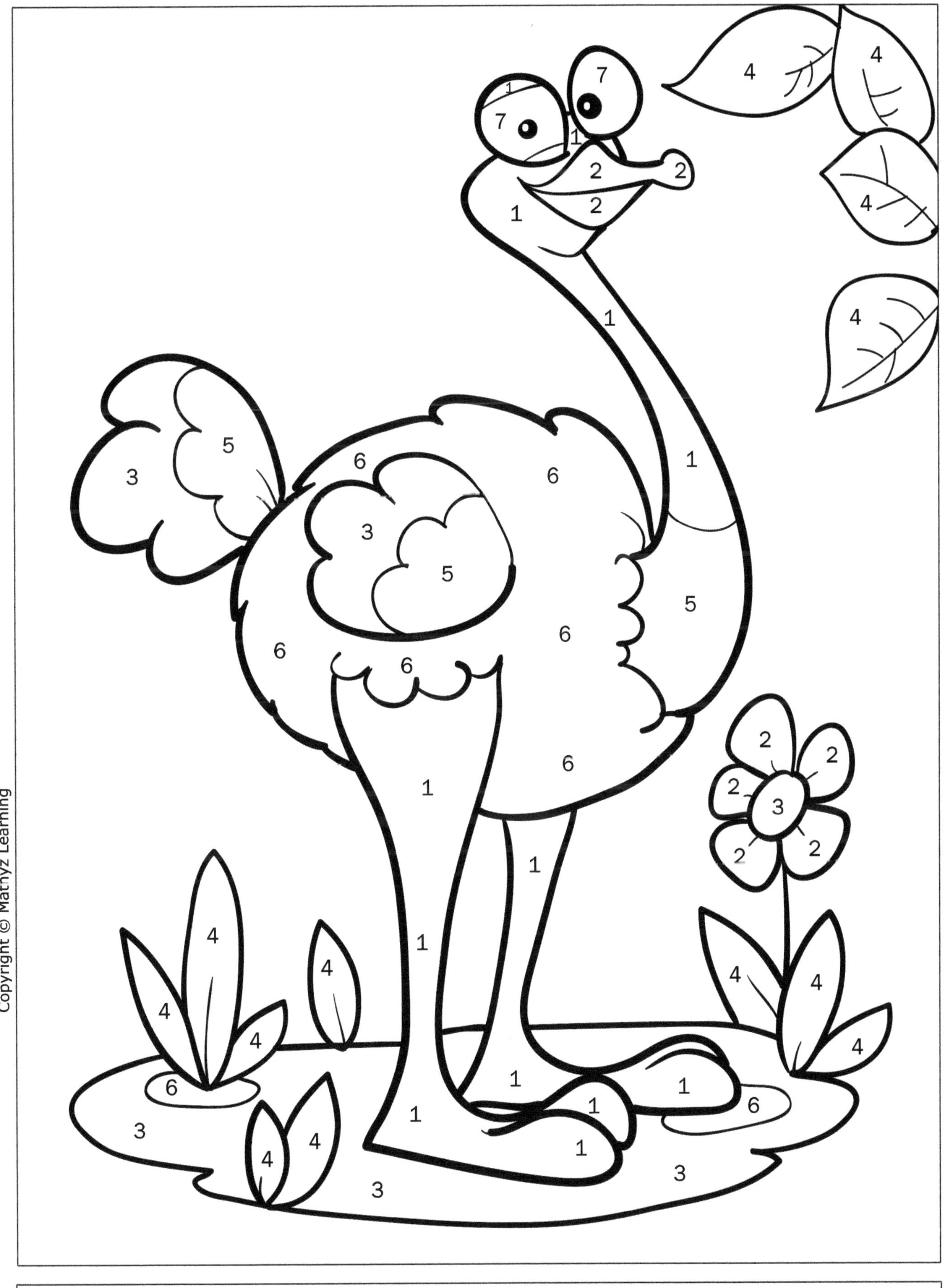

1 = Orange	2 = Red	3 = Yellow	4 = Green	5 = Blue	6 = Brown
7 = White					

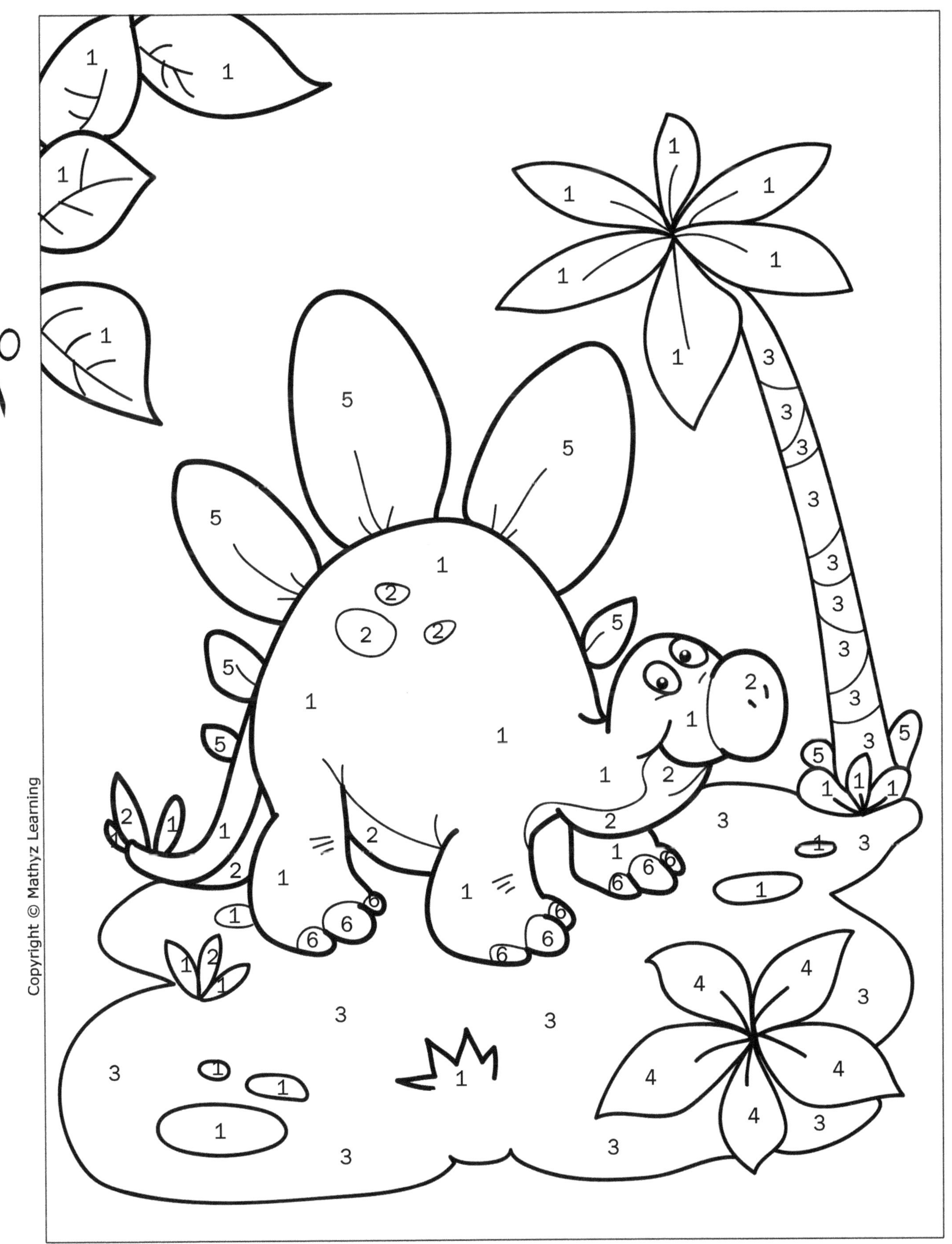

1 = Green 2 = Yellow 3 = Brown 4 = Red 5 = Orange 6 = White

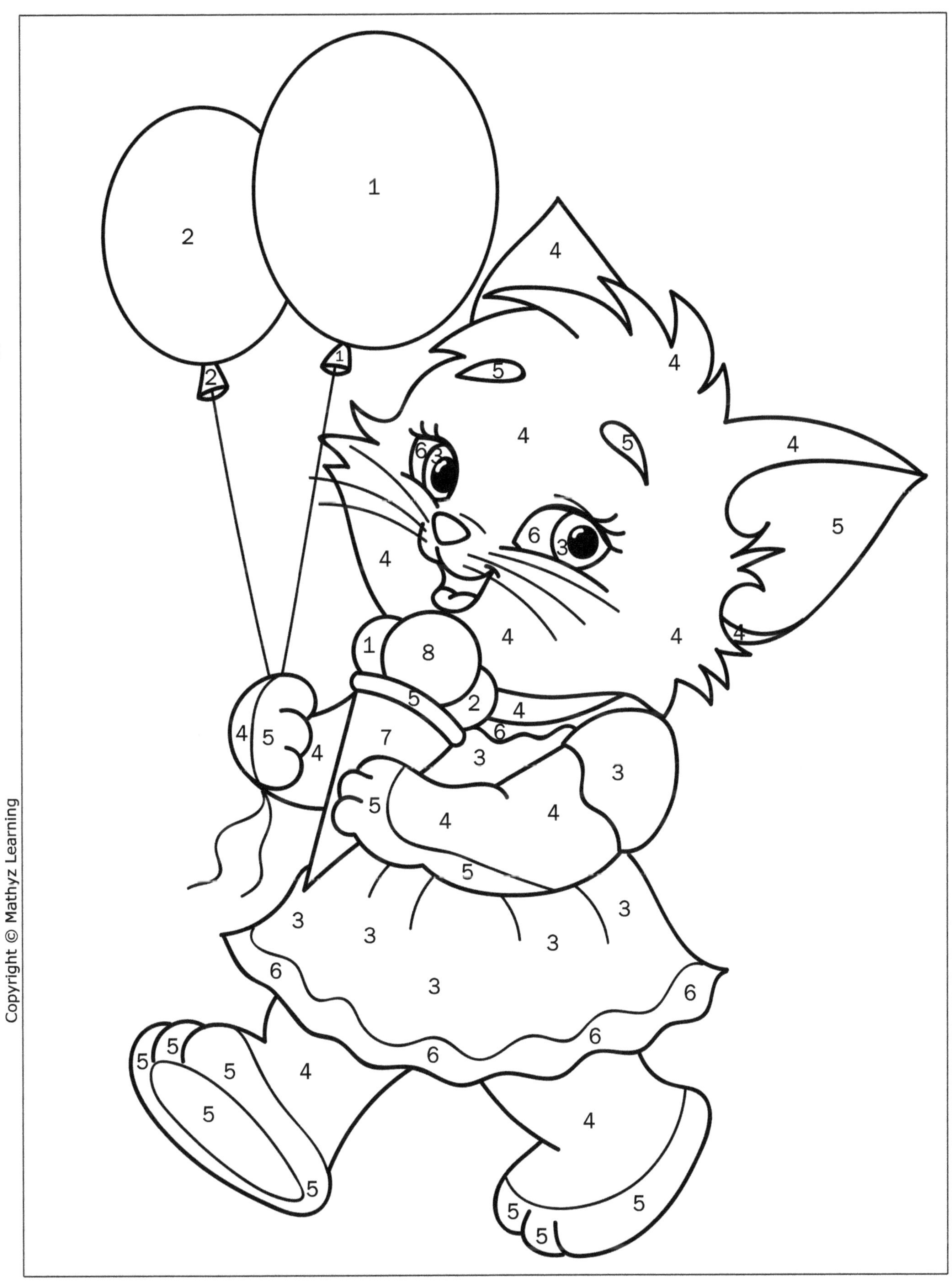

1 = Blue 2 = Pink 3 = Green 4 = Yellow 5 = Orange 6 = White
7 = Brown 8 = Red

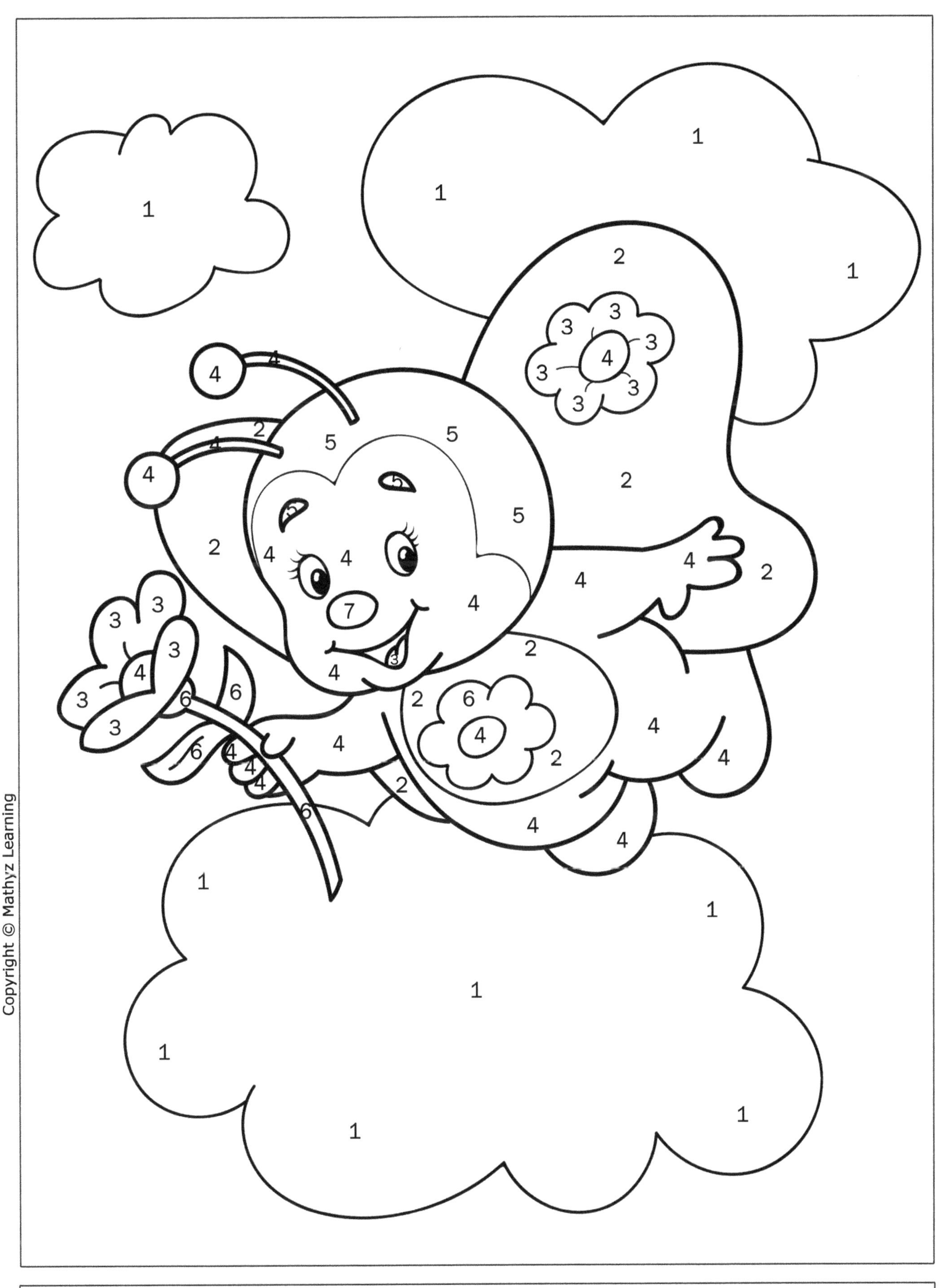

1 = Blue 2 = Pink 3 = Red 4 = Yellow 5 = Orange 6 = Green
7 = Brown

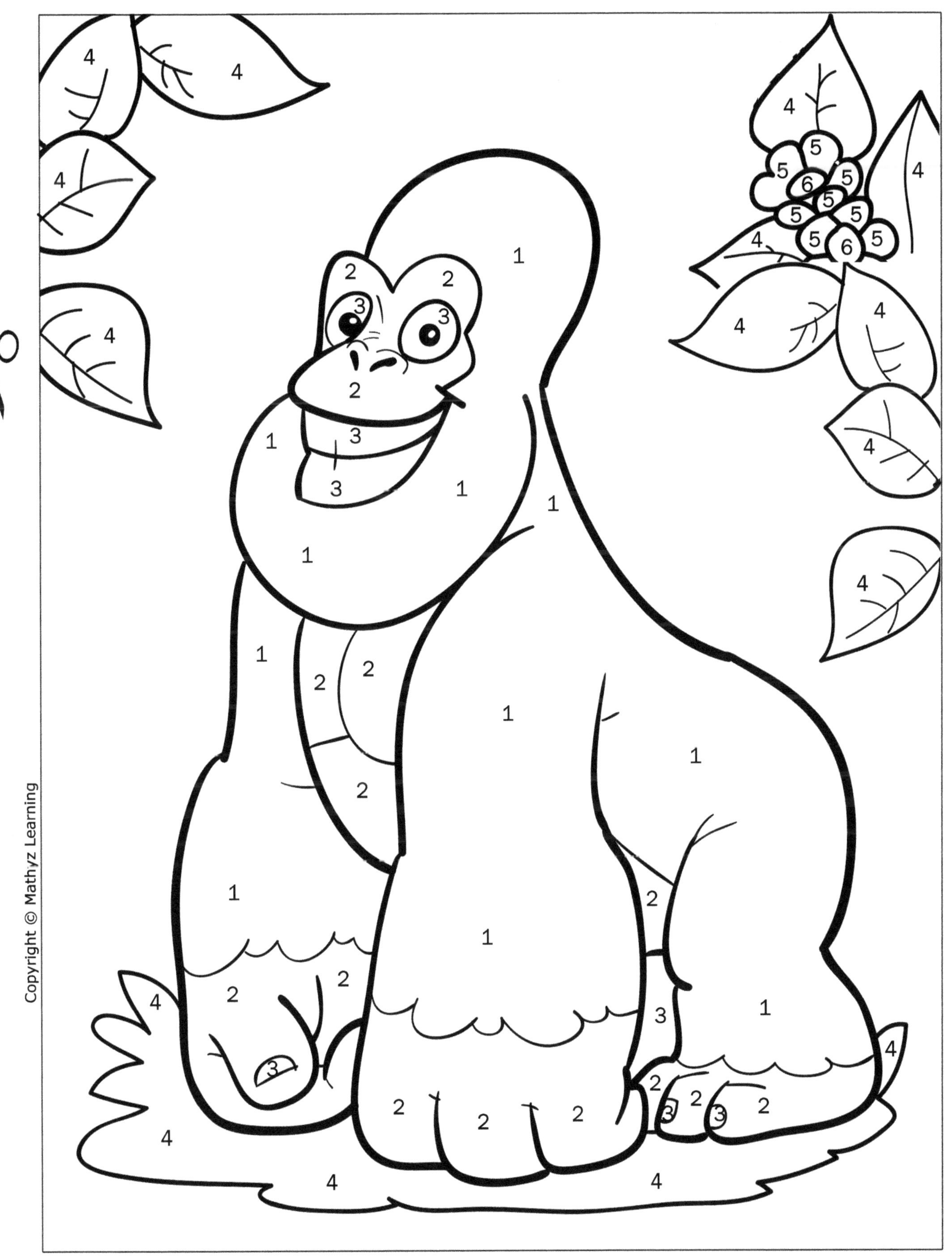

1 = Orange	2 = Brown	3 = White	4 = Green	5 = Red	6 = Yellow

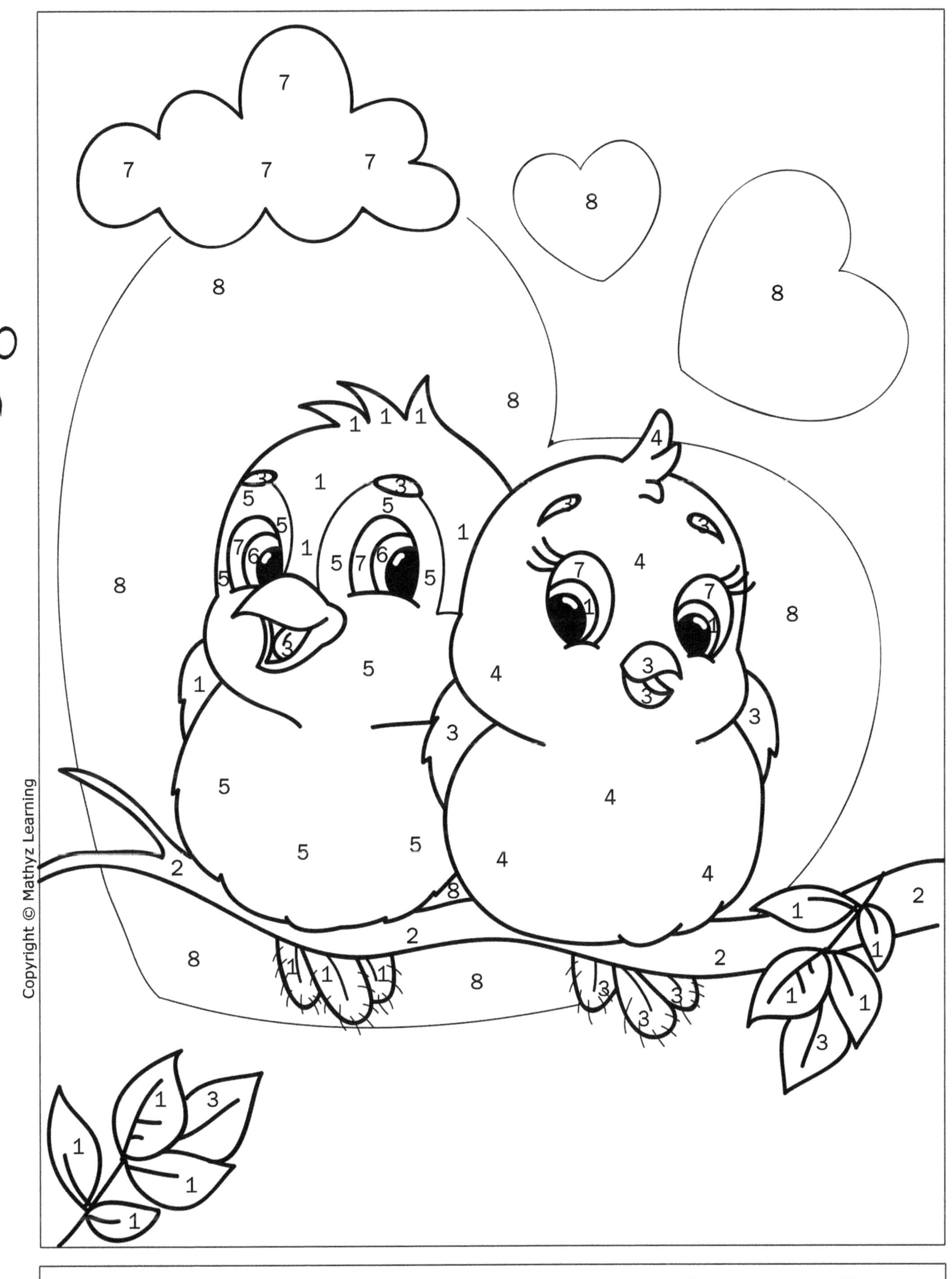

1 = Green	2 = Brown	3 = Red	4 = Yellow	5 = Orange	6 = Blue
7 = White	8 = Pink				

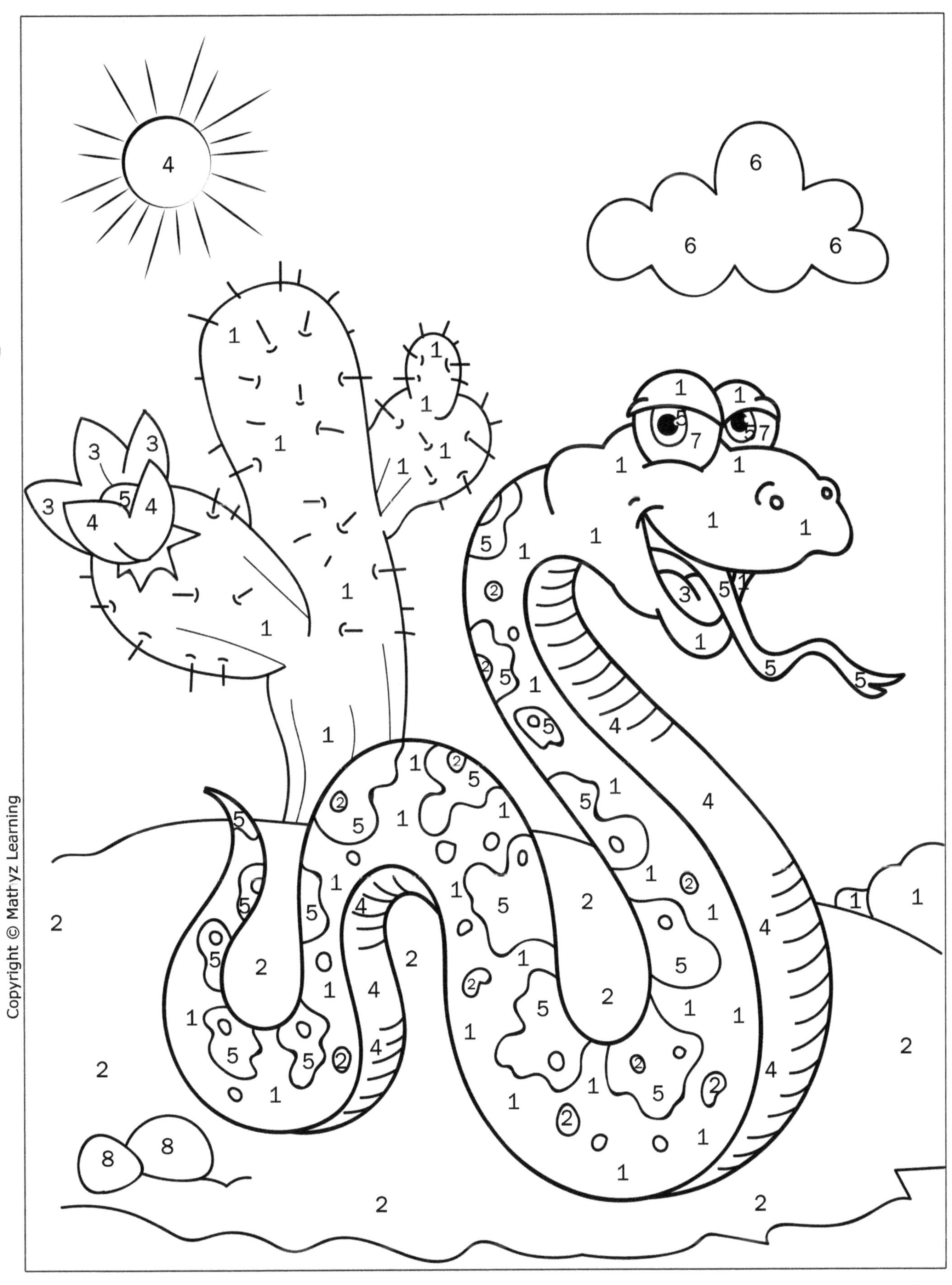

1 = Green 2 = Brown 3 = Red 4 = Yellow 5 = Orange 6 = Blue
7 = White 8 = Gray

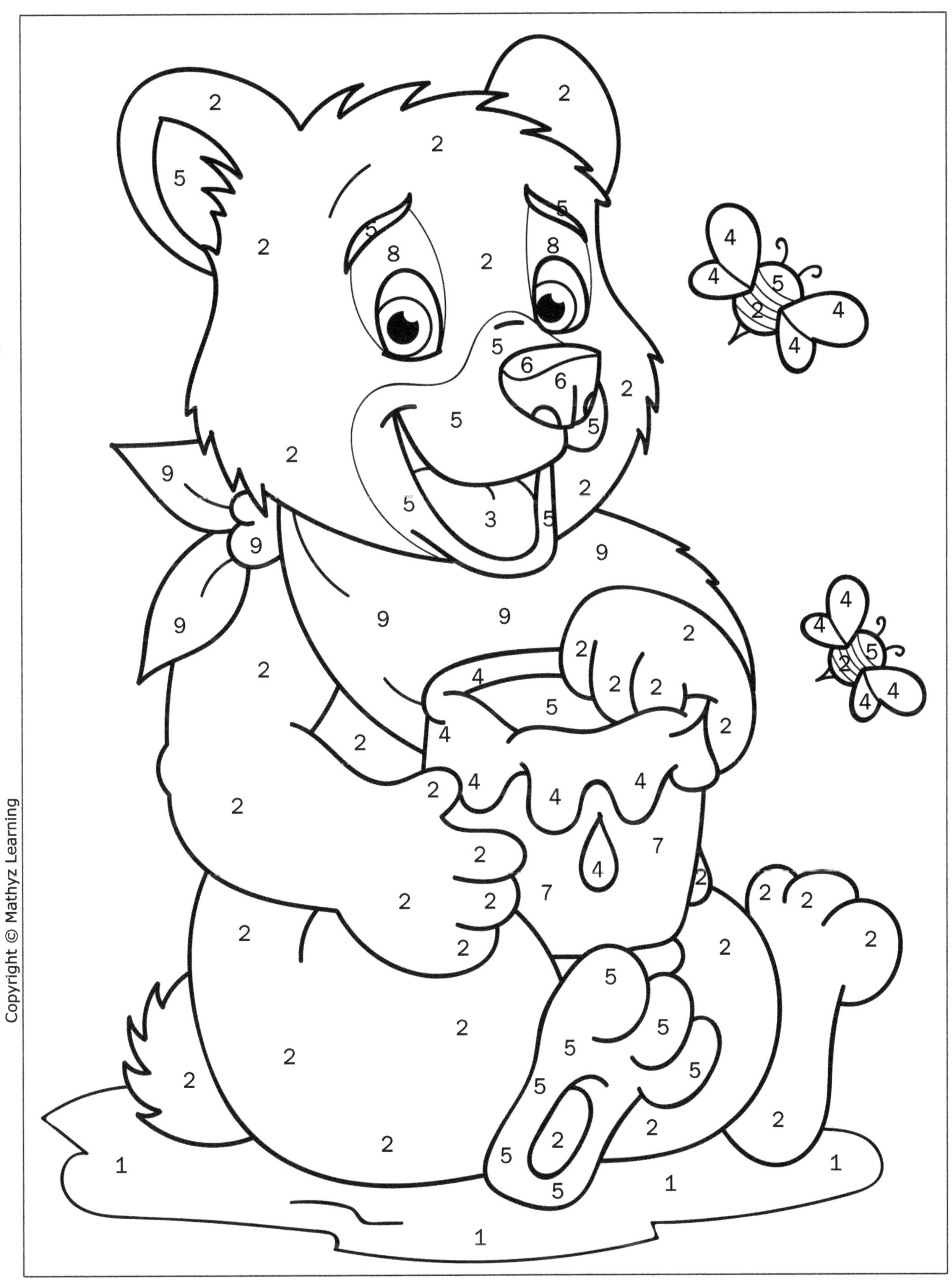

1 = Green	2 = Brown	3 = Red	4 = Yellow	5 = Orange	6 = Black
7 = Blue	8 = White	9 = Purple			

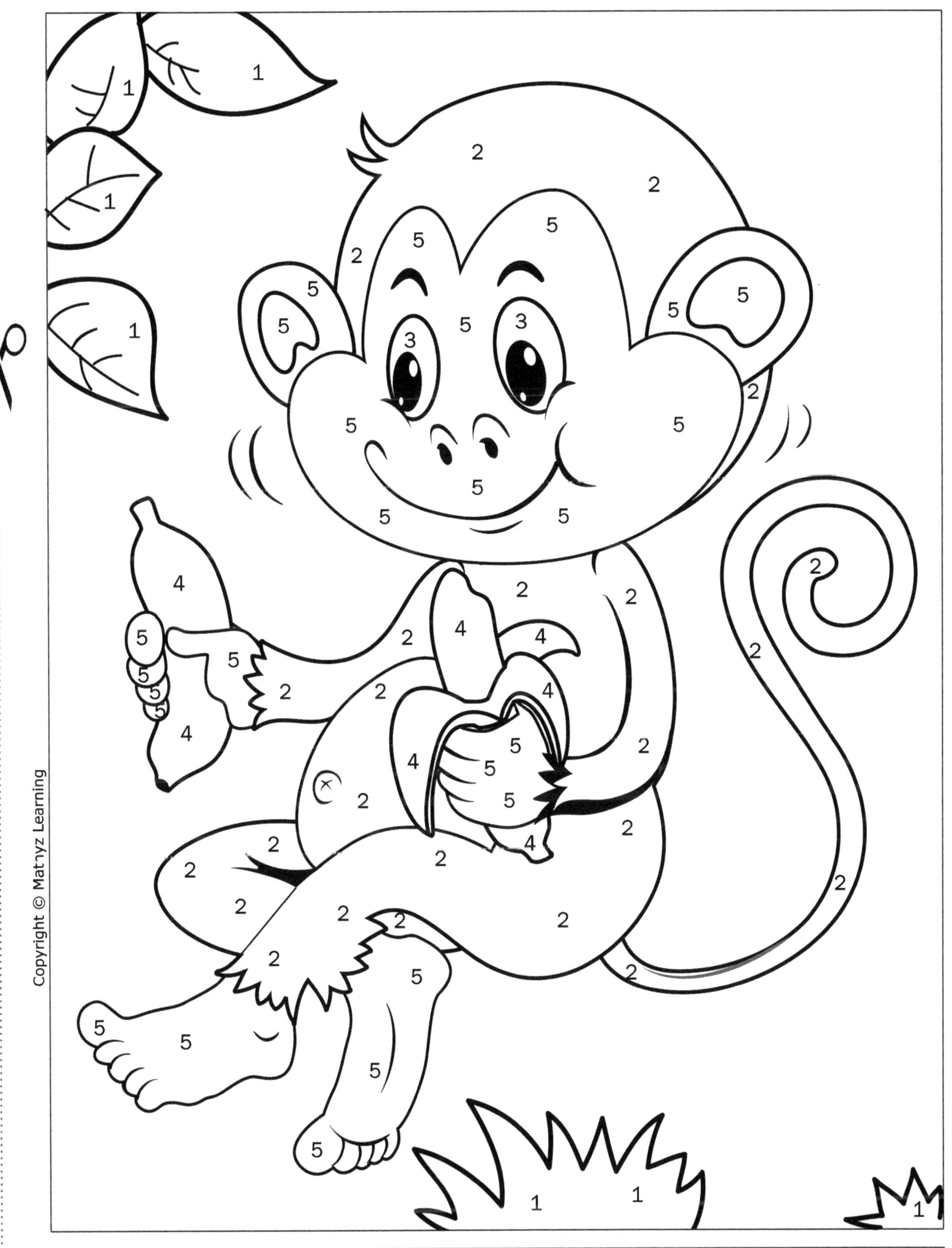

1 = Green	2 = Brown	3 = White	4 = Yellow	5 = Orange	6 = Green

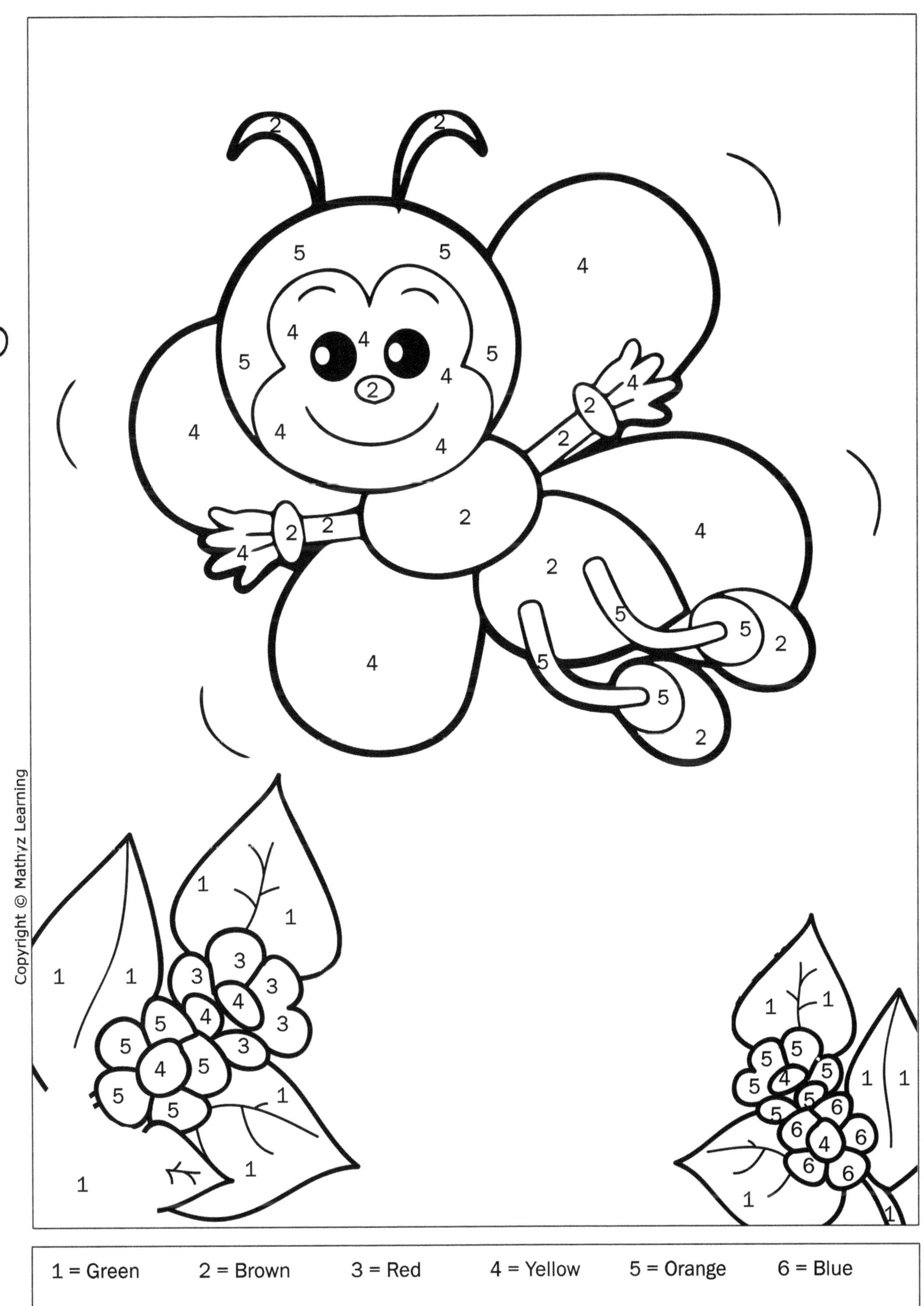
1 = Green
2 = Brown
3 = Red
4 = Yellow
5 = Orange
6 = Blue

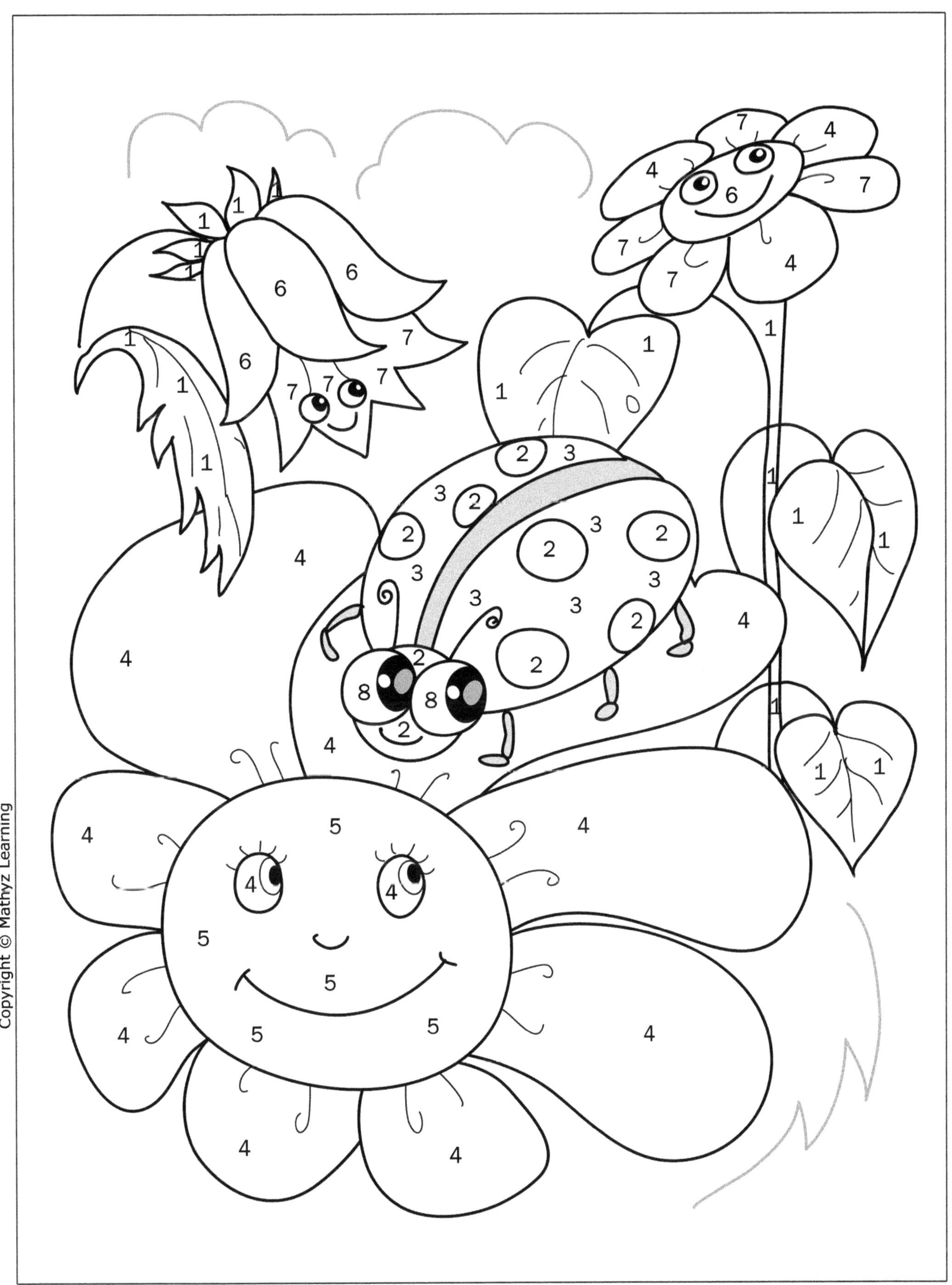

1 = Green 2 = Black 3 = Red 4 = Yellow 5 = Orange 6 = Blue
7 = Pink 8 = White

1 = Gray 2 = Brown 3 = Red 4 = Yellow 5 = Orange 6 = Green
7 = Blue 8 = White 9 = Orange

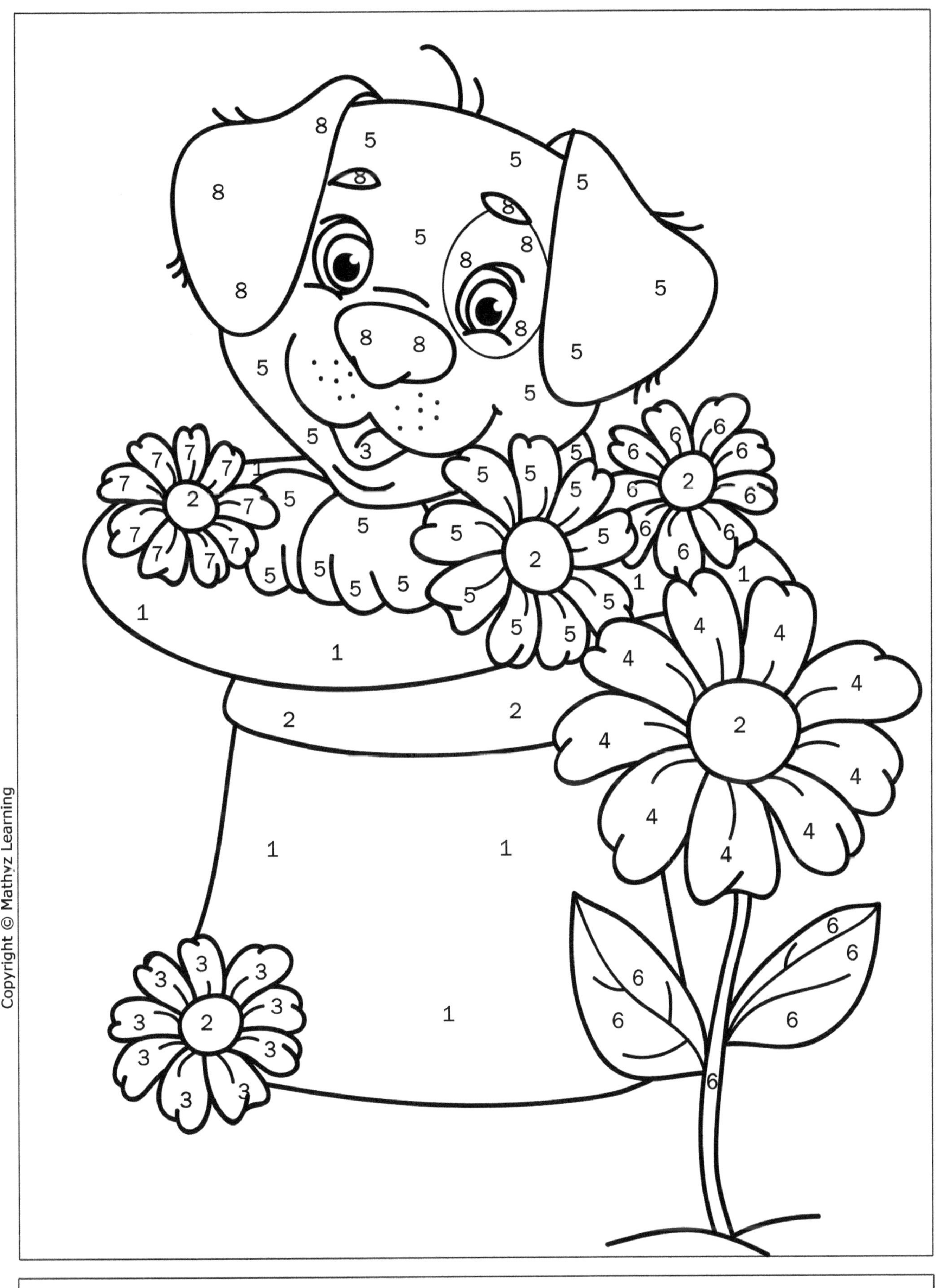

1 = Blue	2 = Yellow	3 = Red	4 = Purple	5 = Orange	6 = Green
7 = Pink	8 = Brown	9 = Orange			

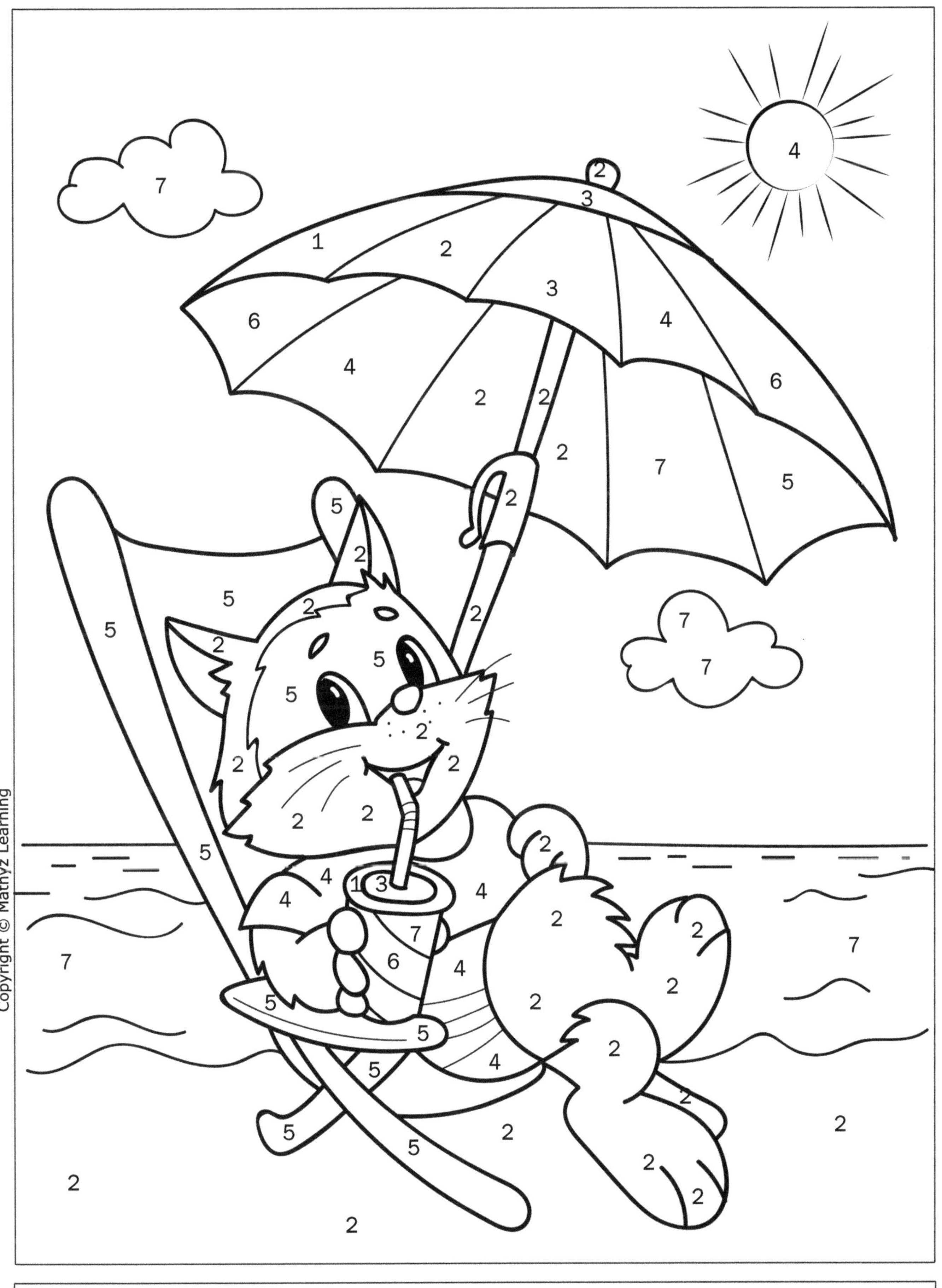

1 = Pink	2 = Brown	3 = Red	4 = Yellow	5 = Orange	6 = Green
7 = Blue	8 = White	9 = Orange			

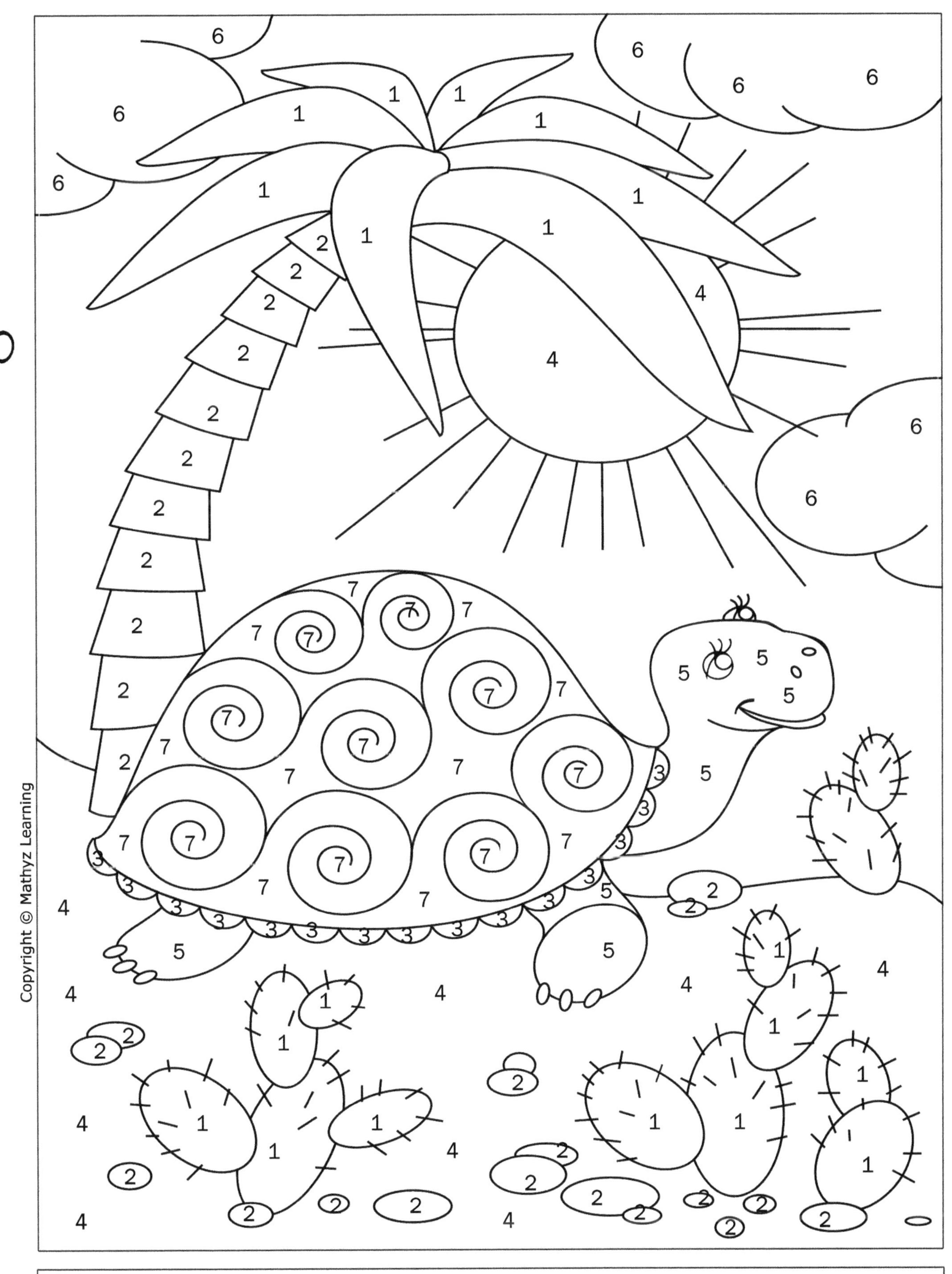

1 = Green	2 = Brown	3 = Red	4 = Yellow	5 = Orange	6 = Blue
7 = Purple	8 = White	9 = Orange			

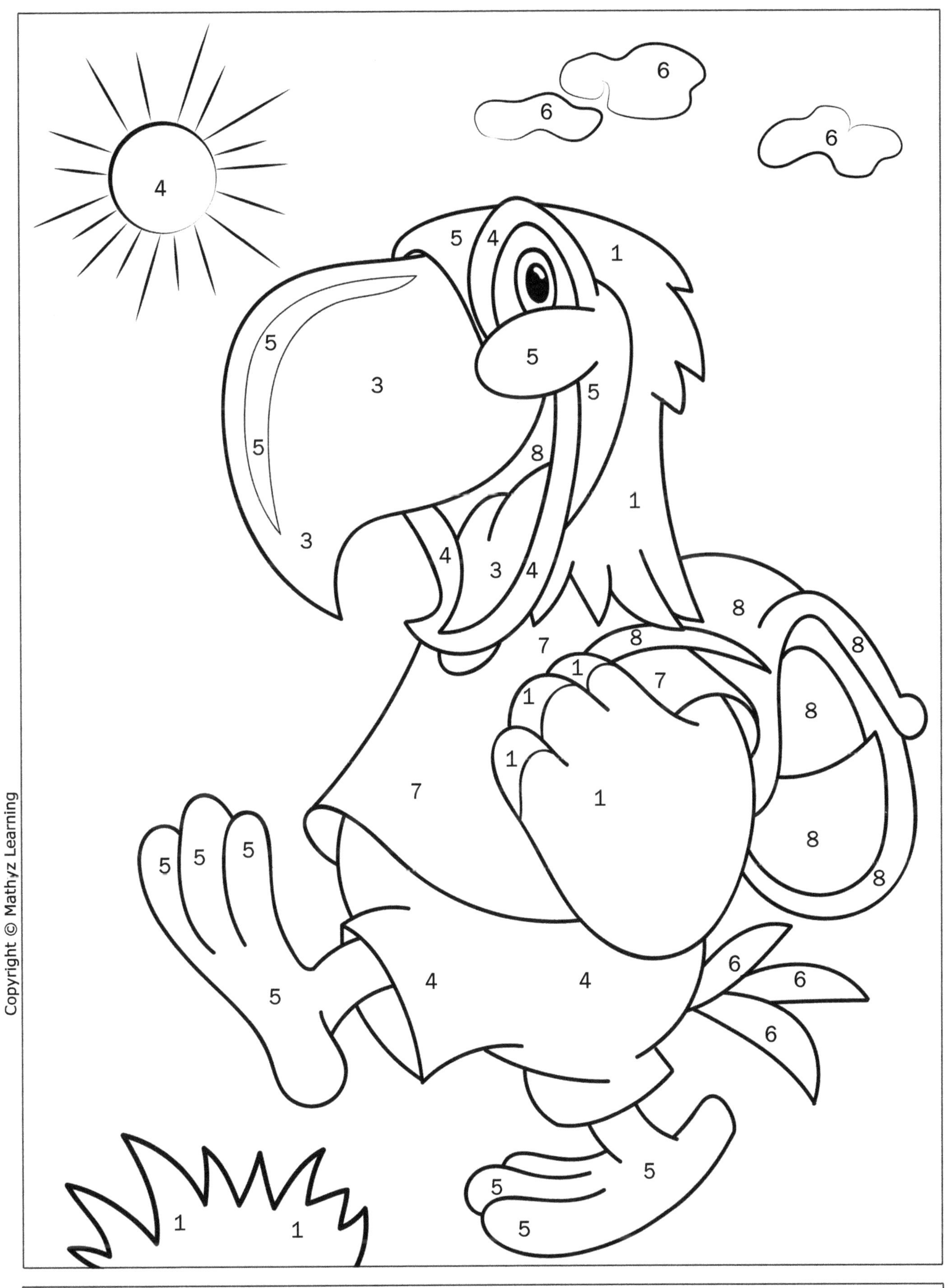

1 = Green	2 = Brown	3 = Red	4 = Yellow	5 = Orange	6 = Blue
7 = Purple	8 = Pink				

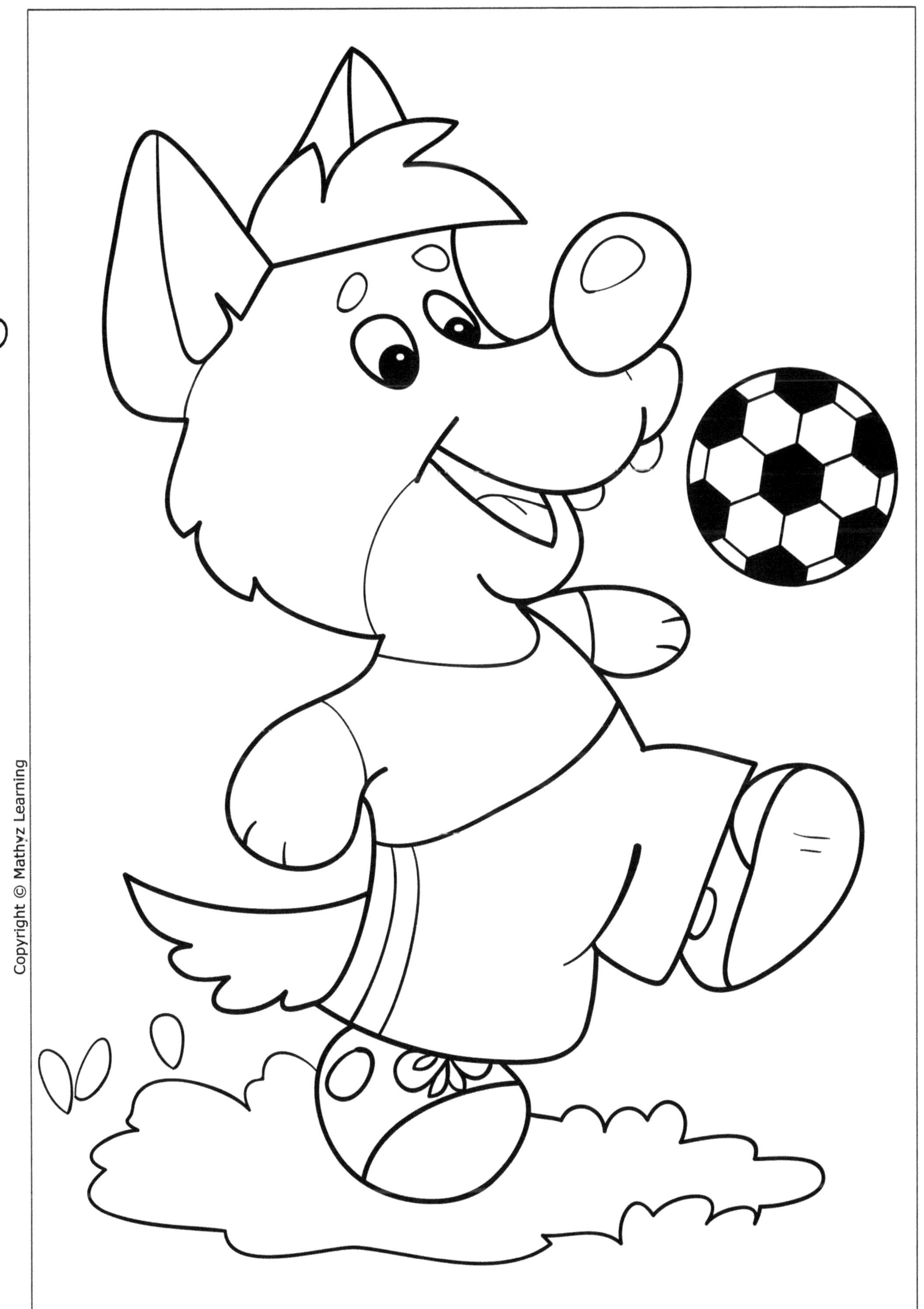

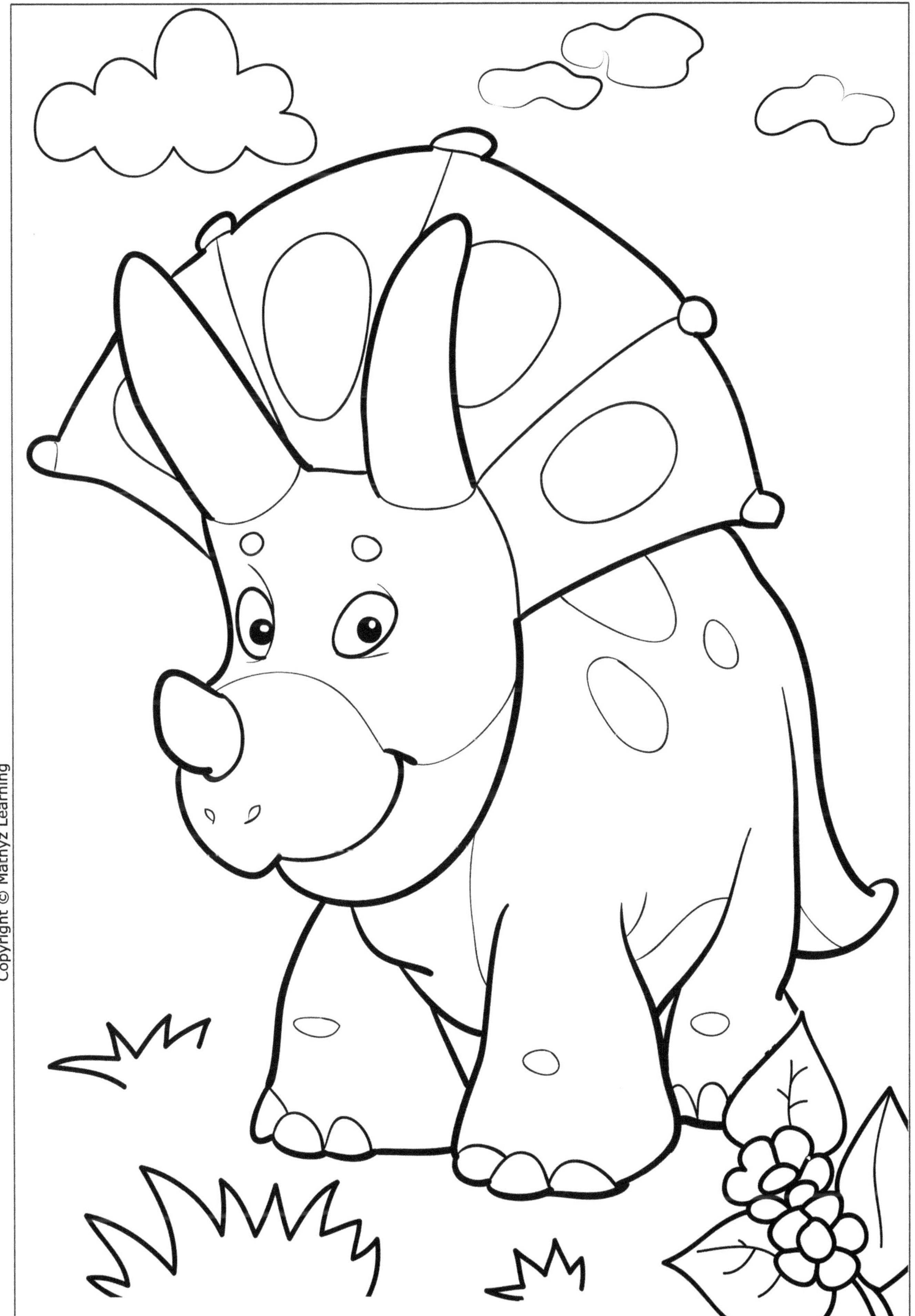

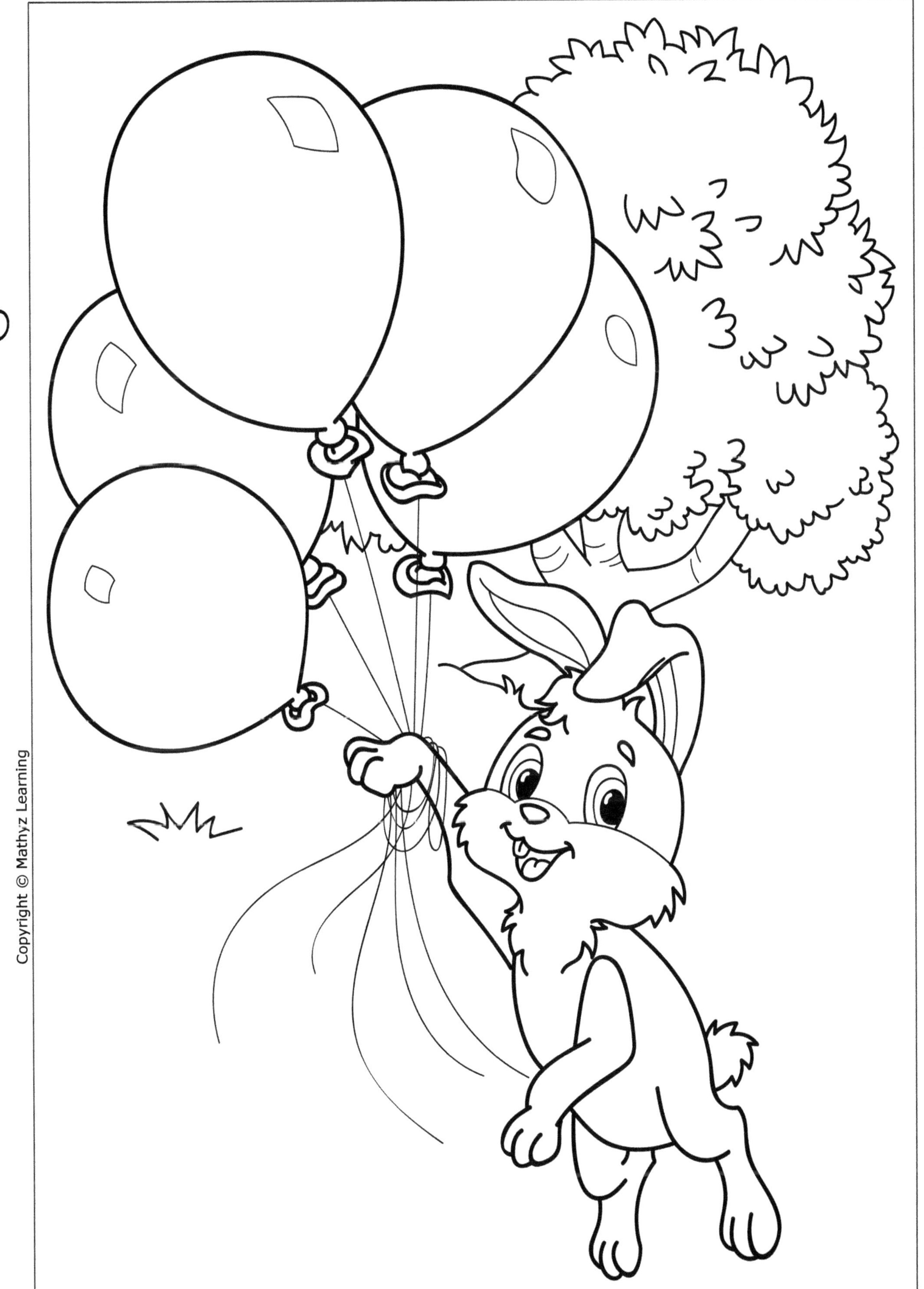

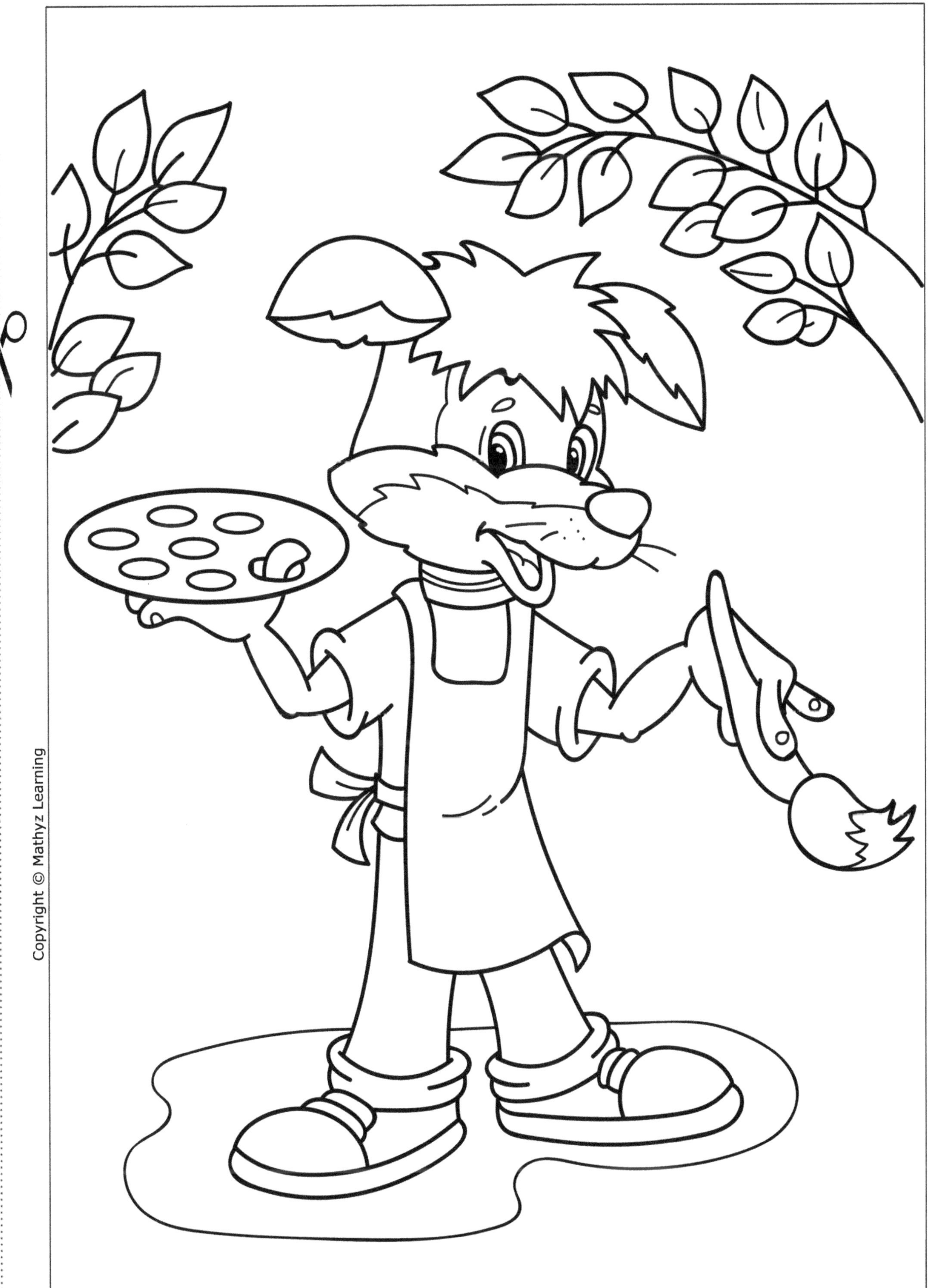

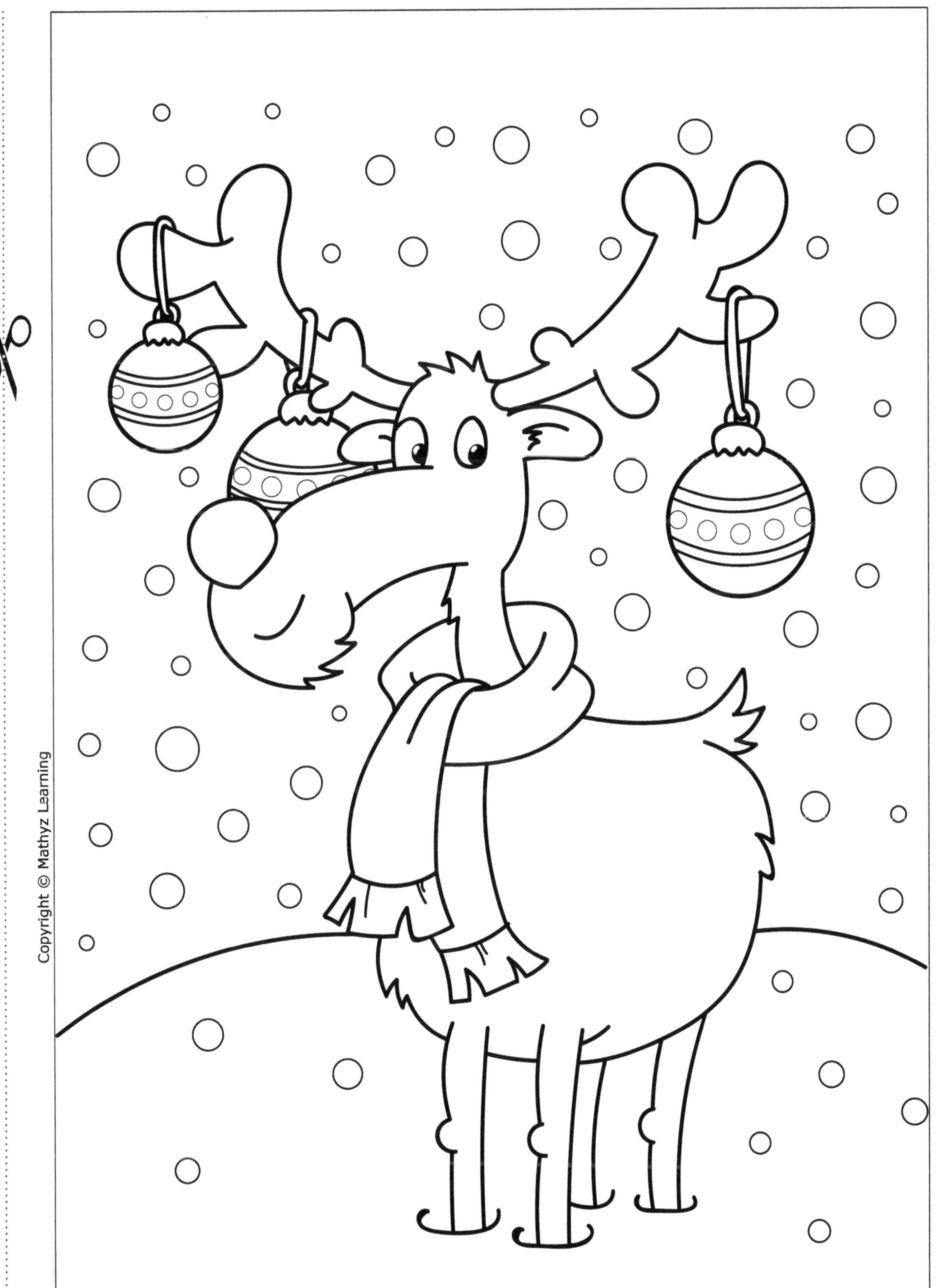

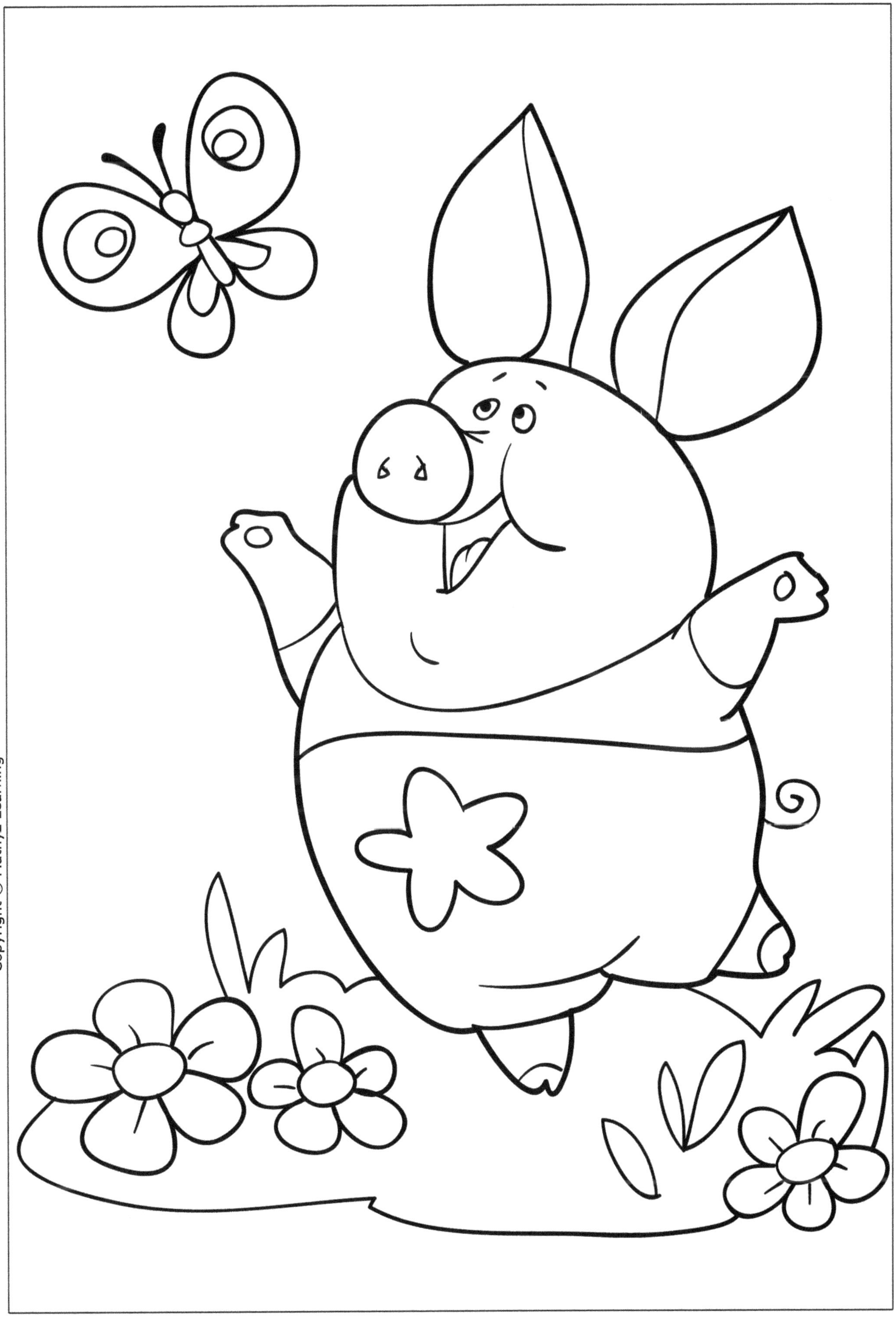

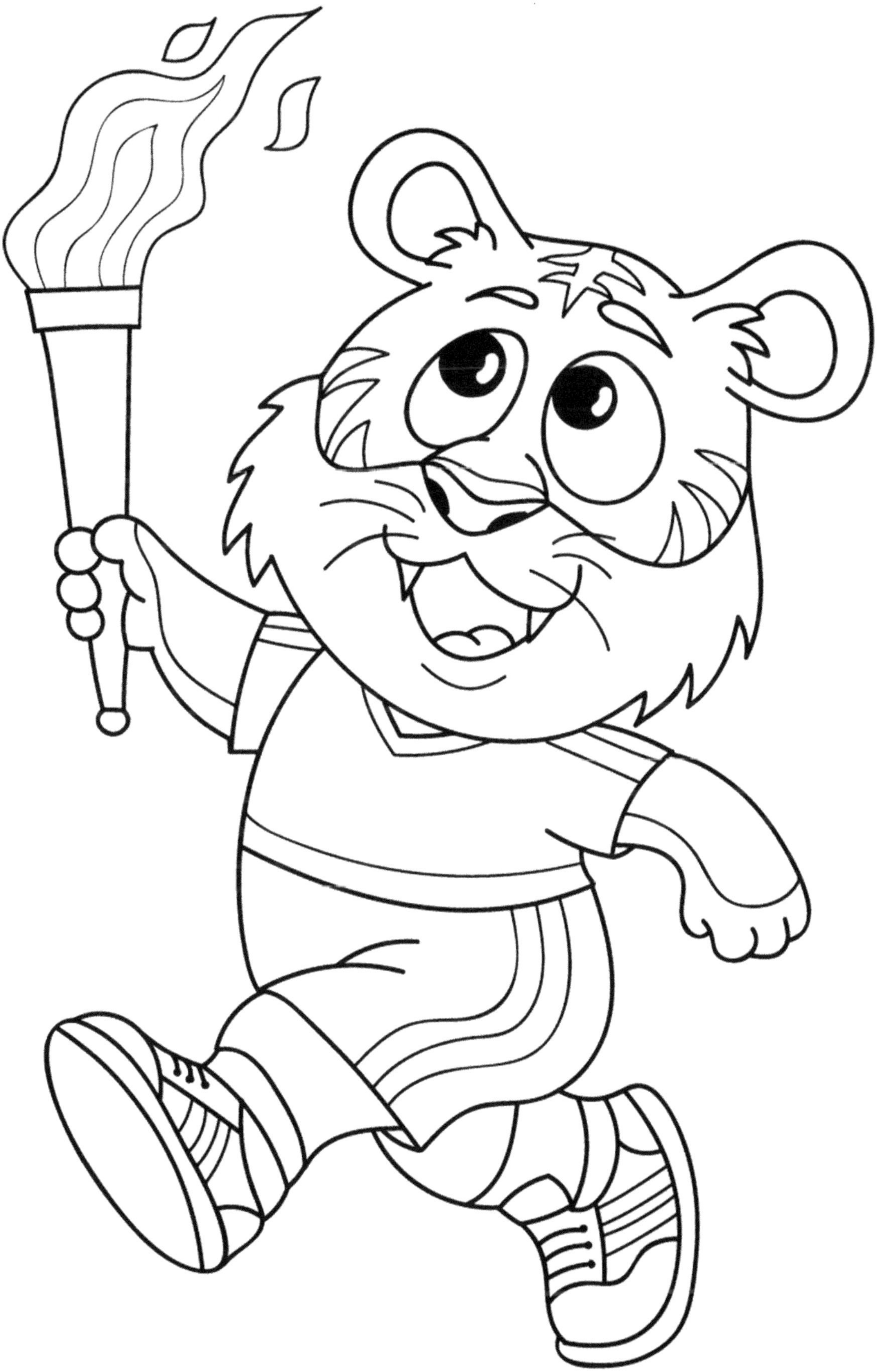

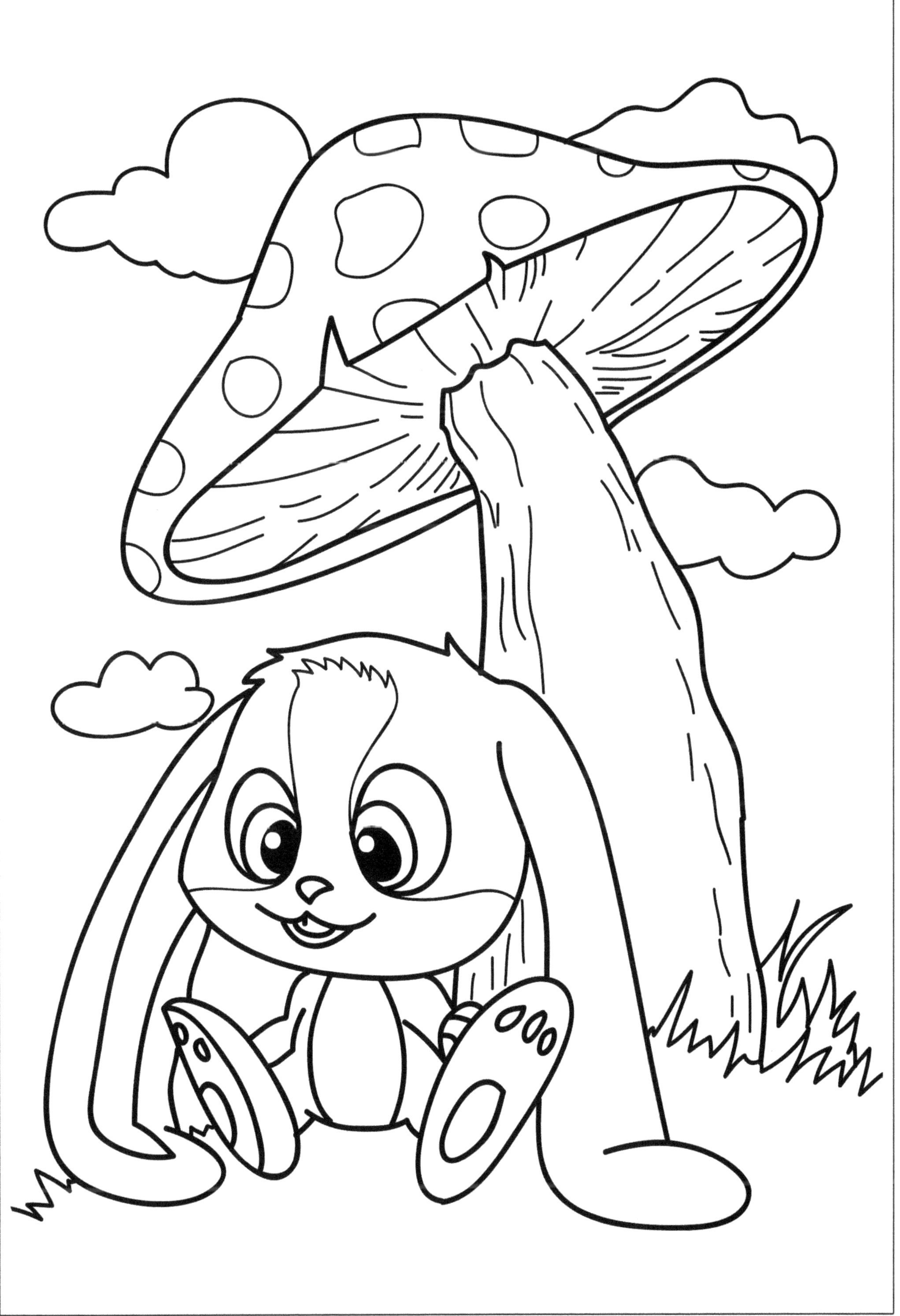

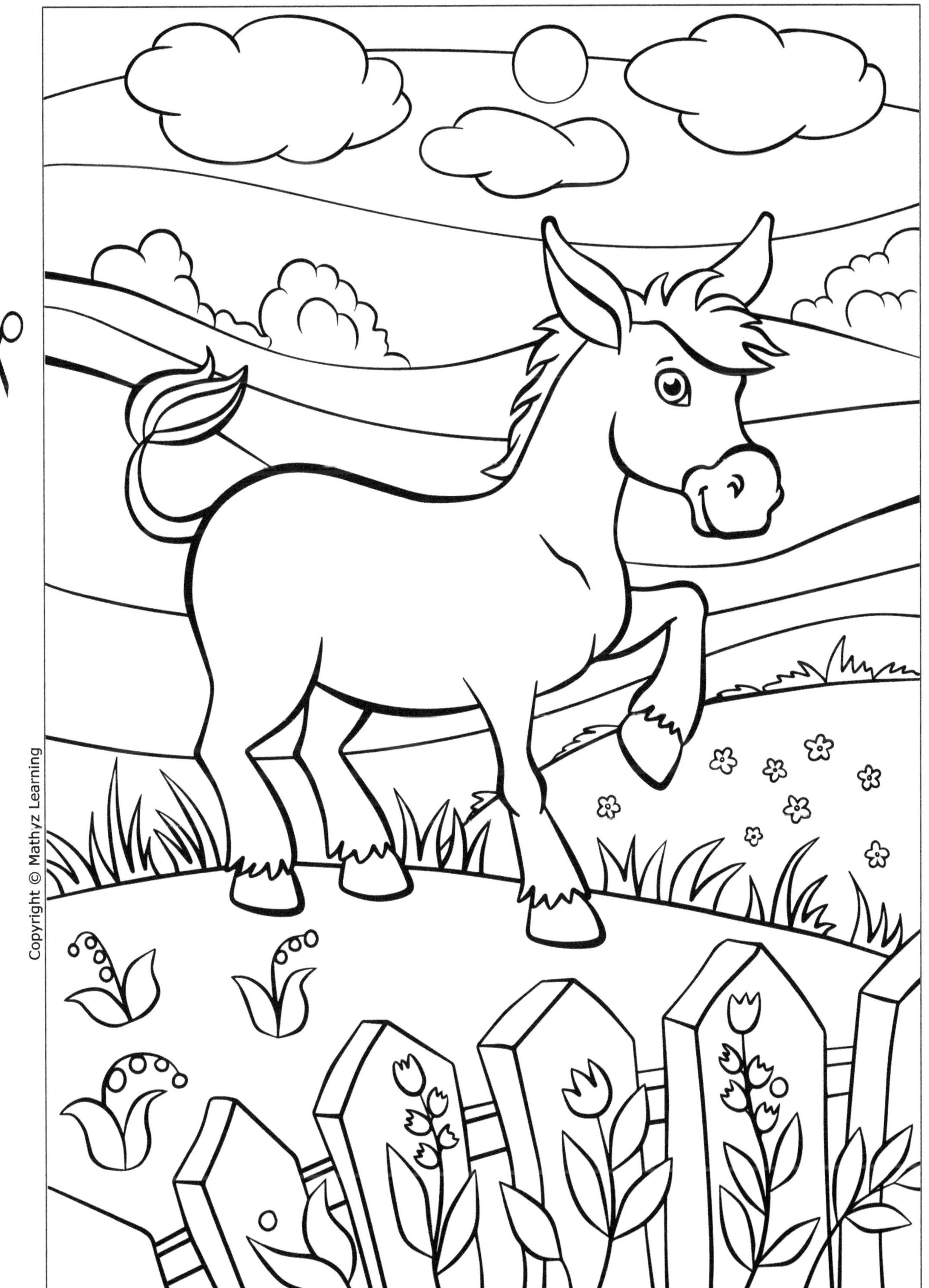

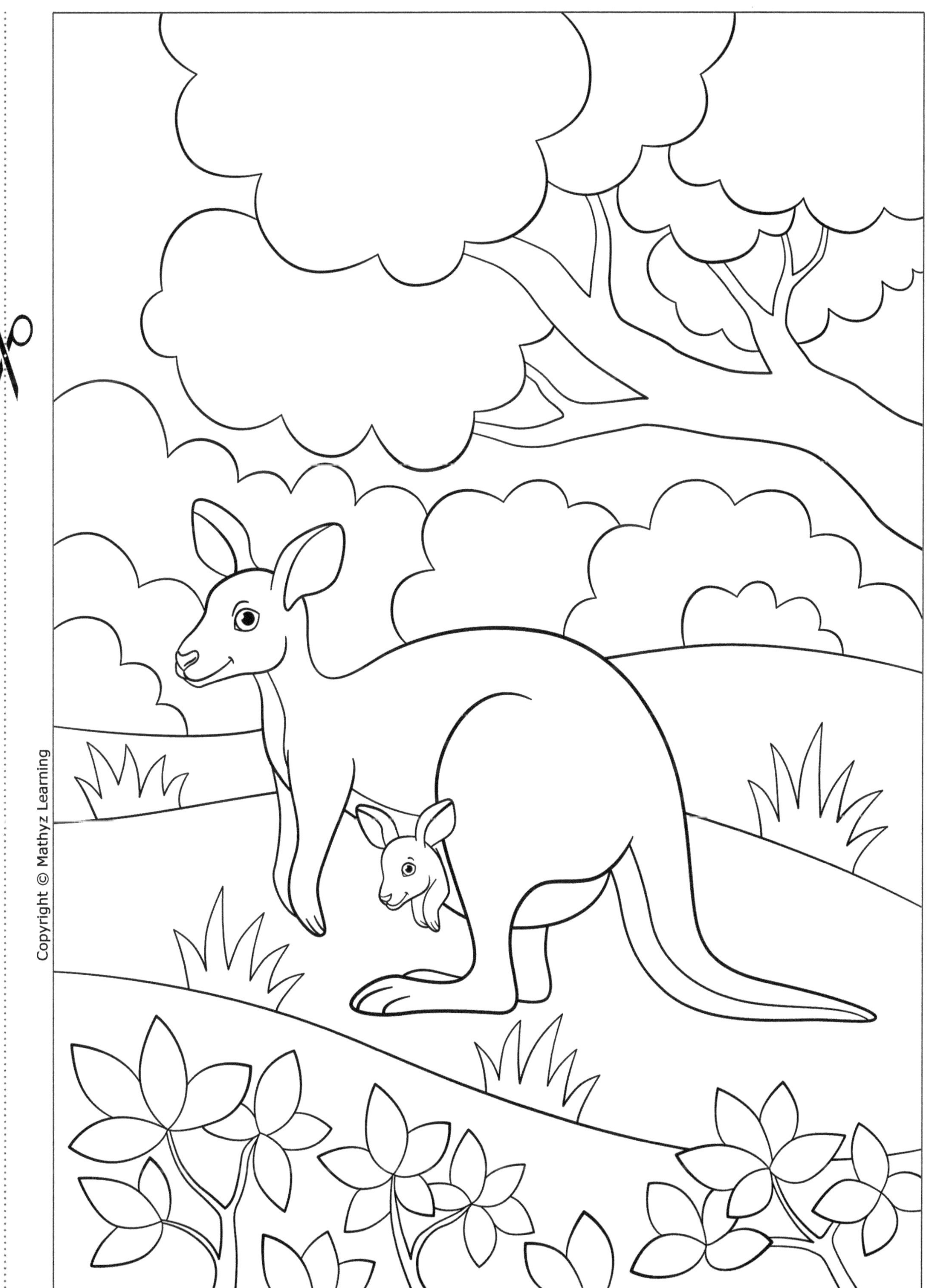

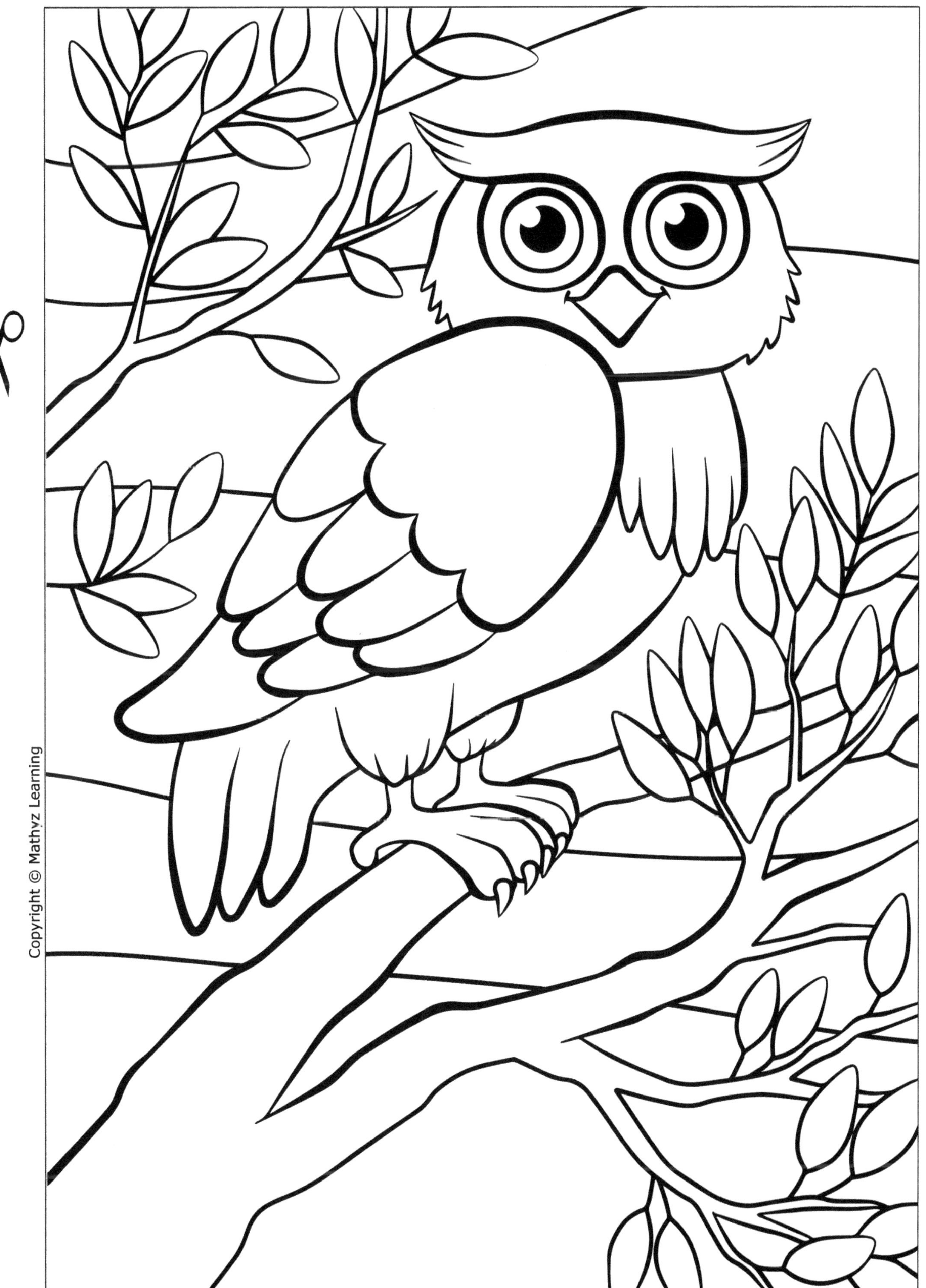

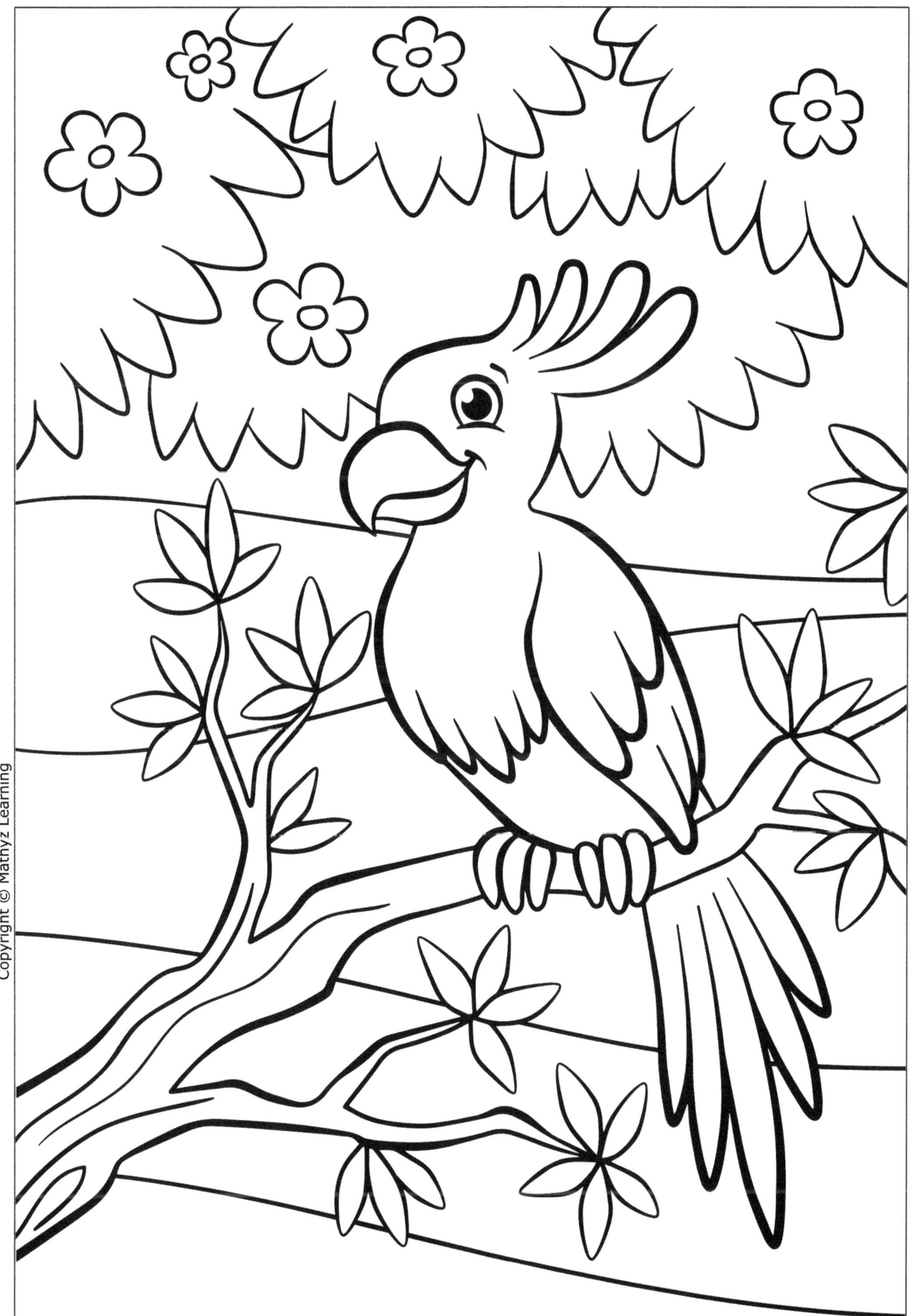

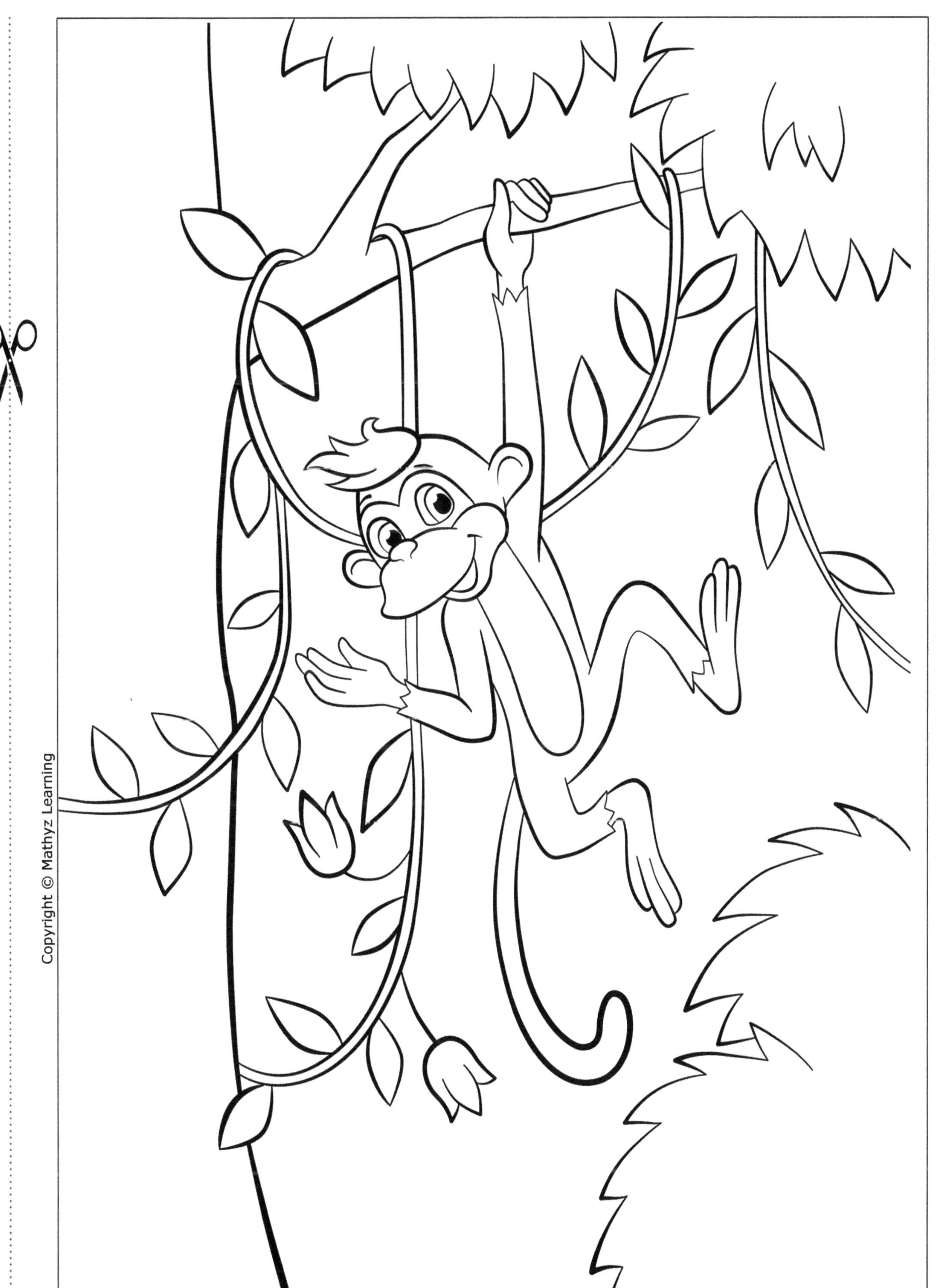

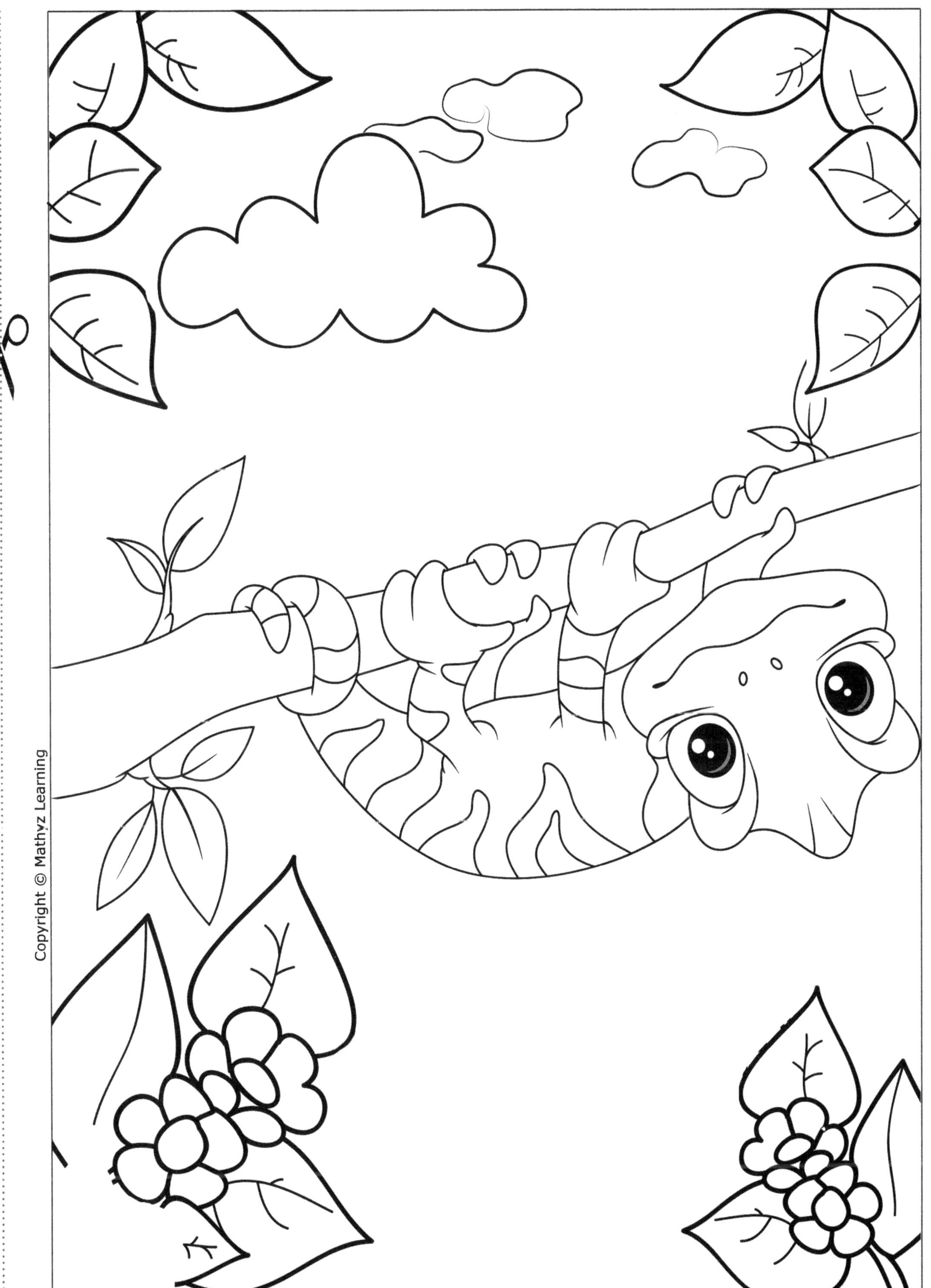

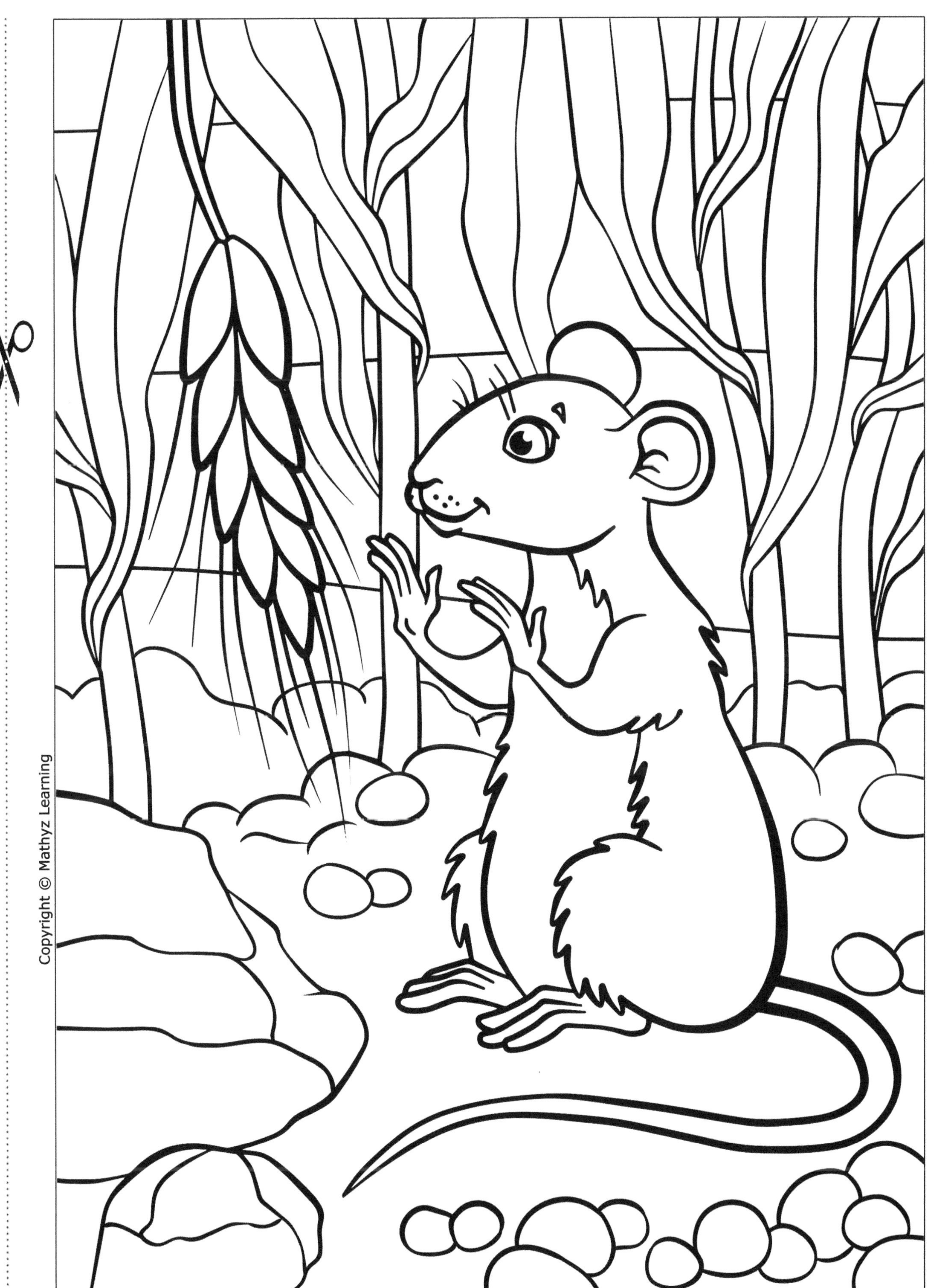

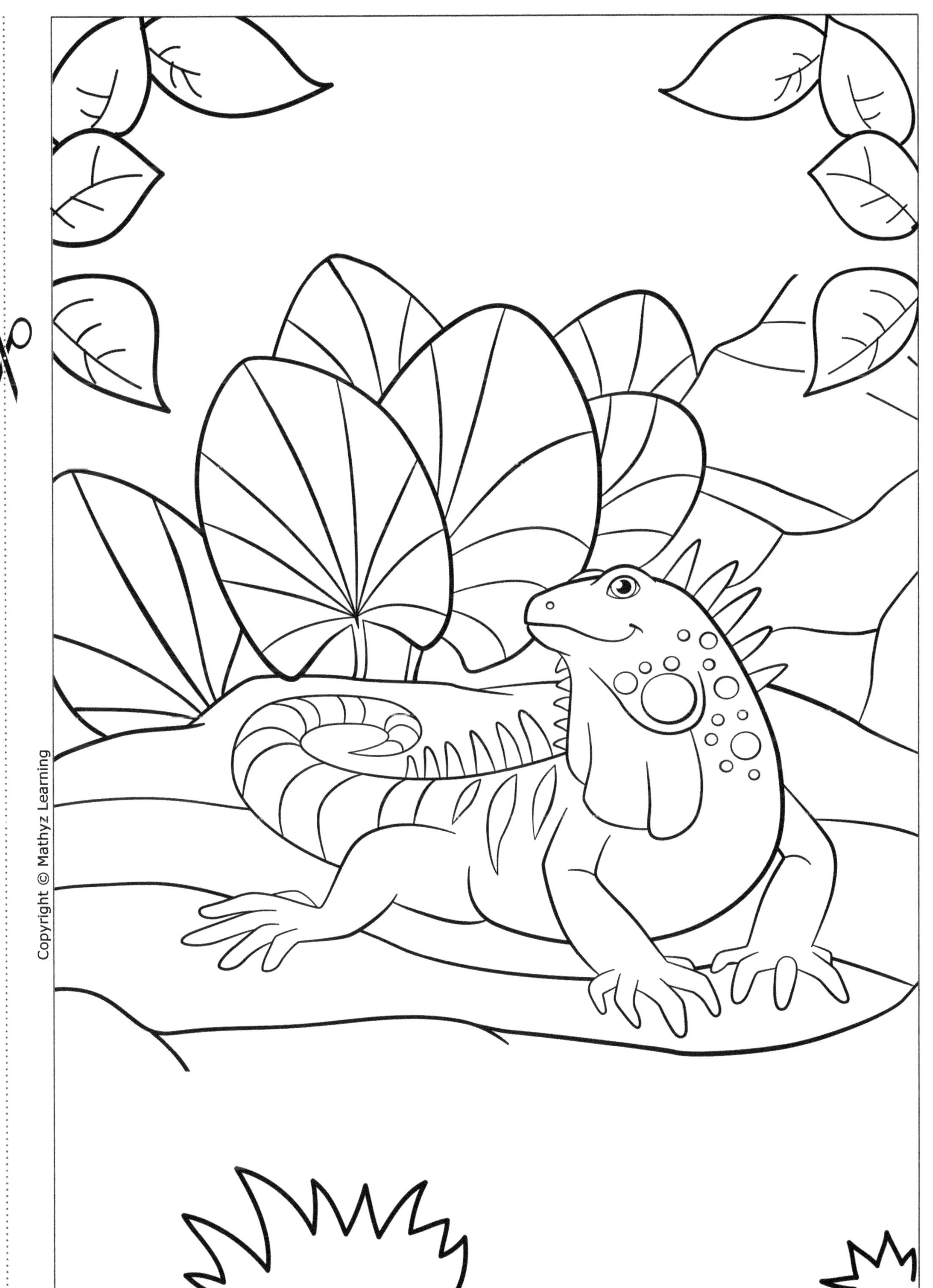

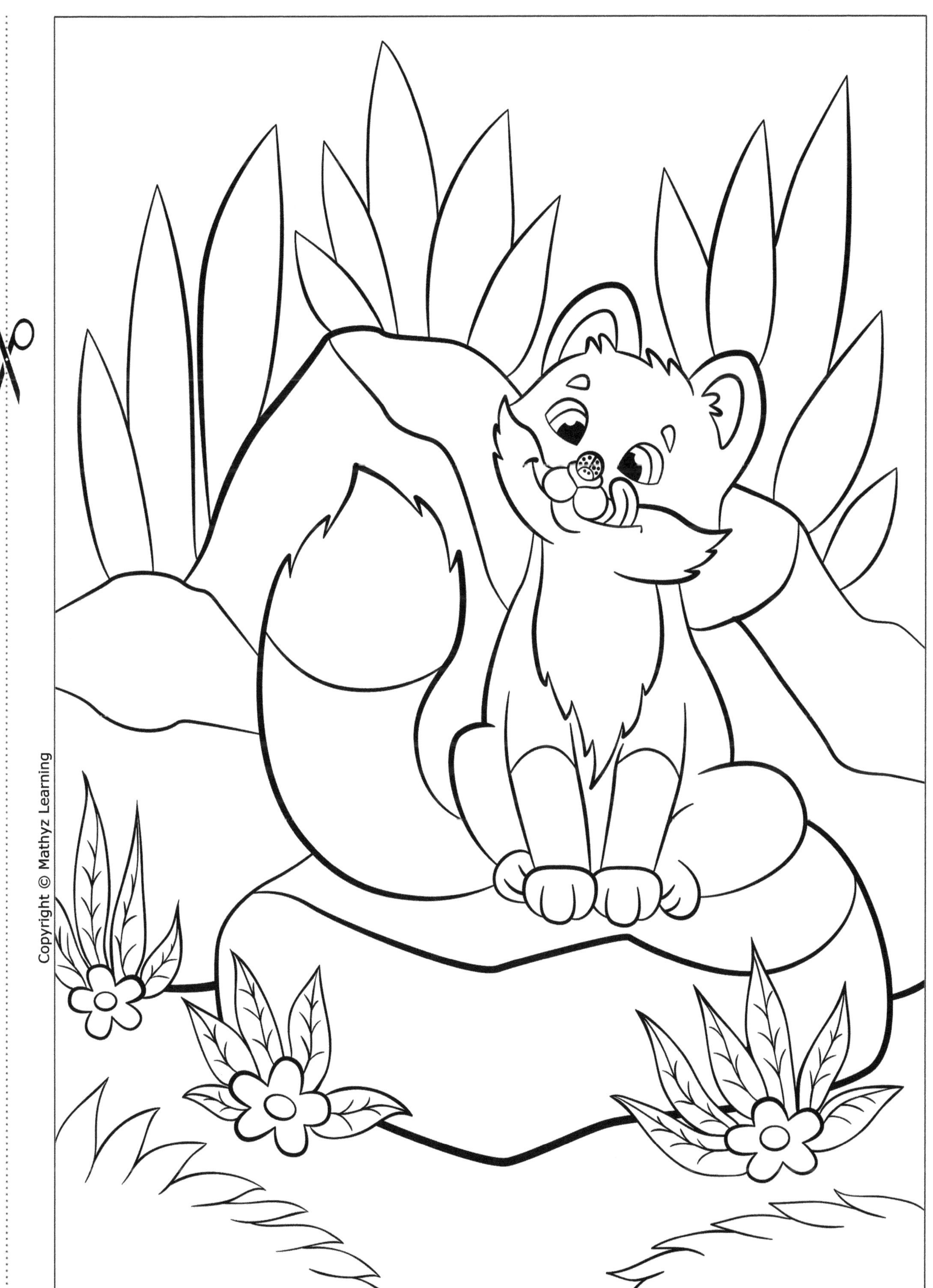

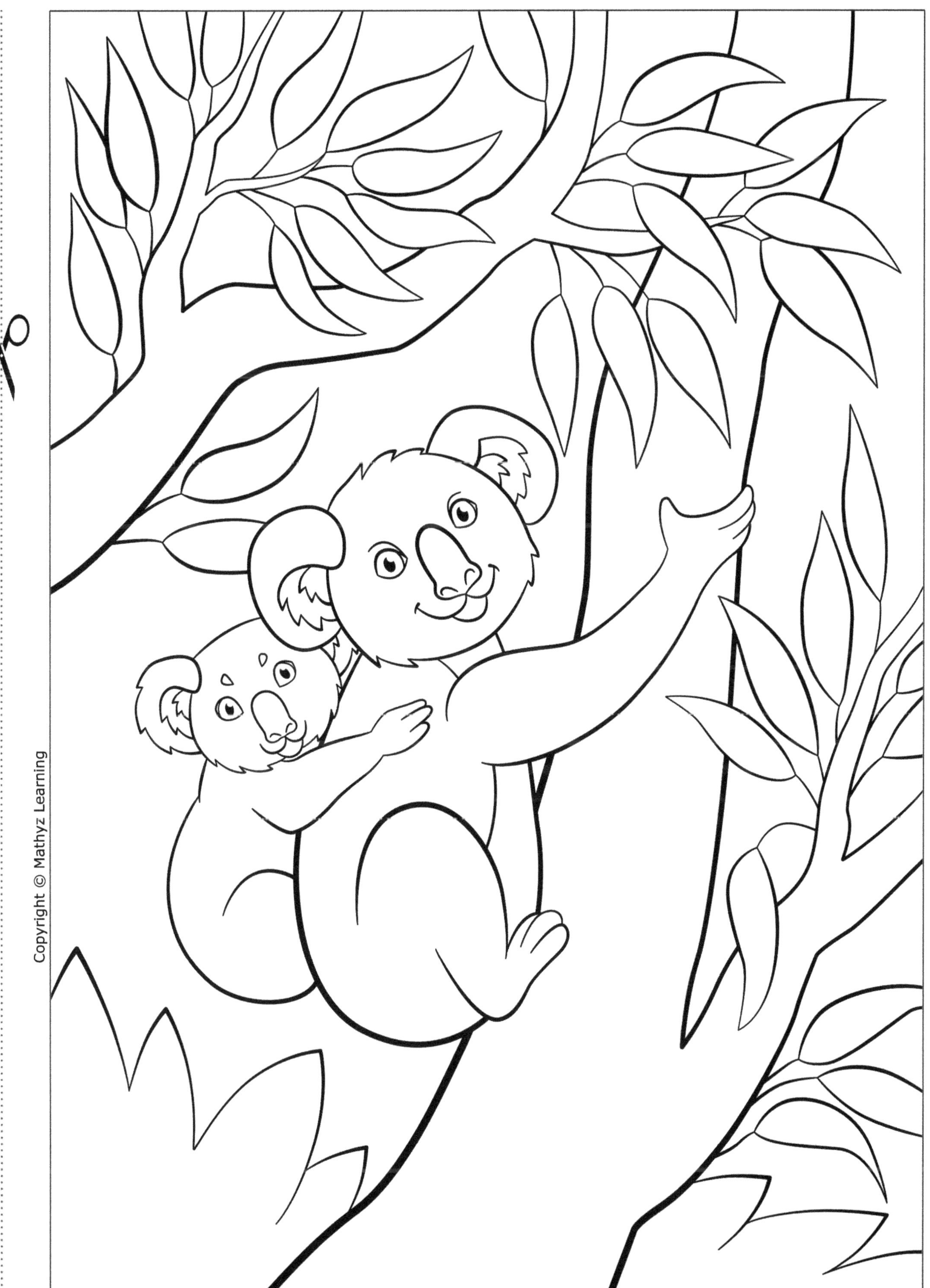

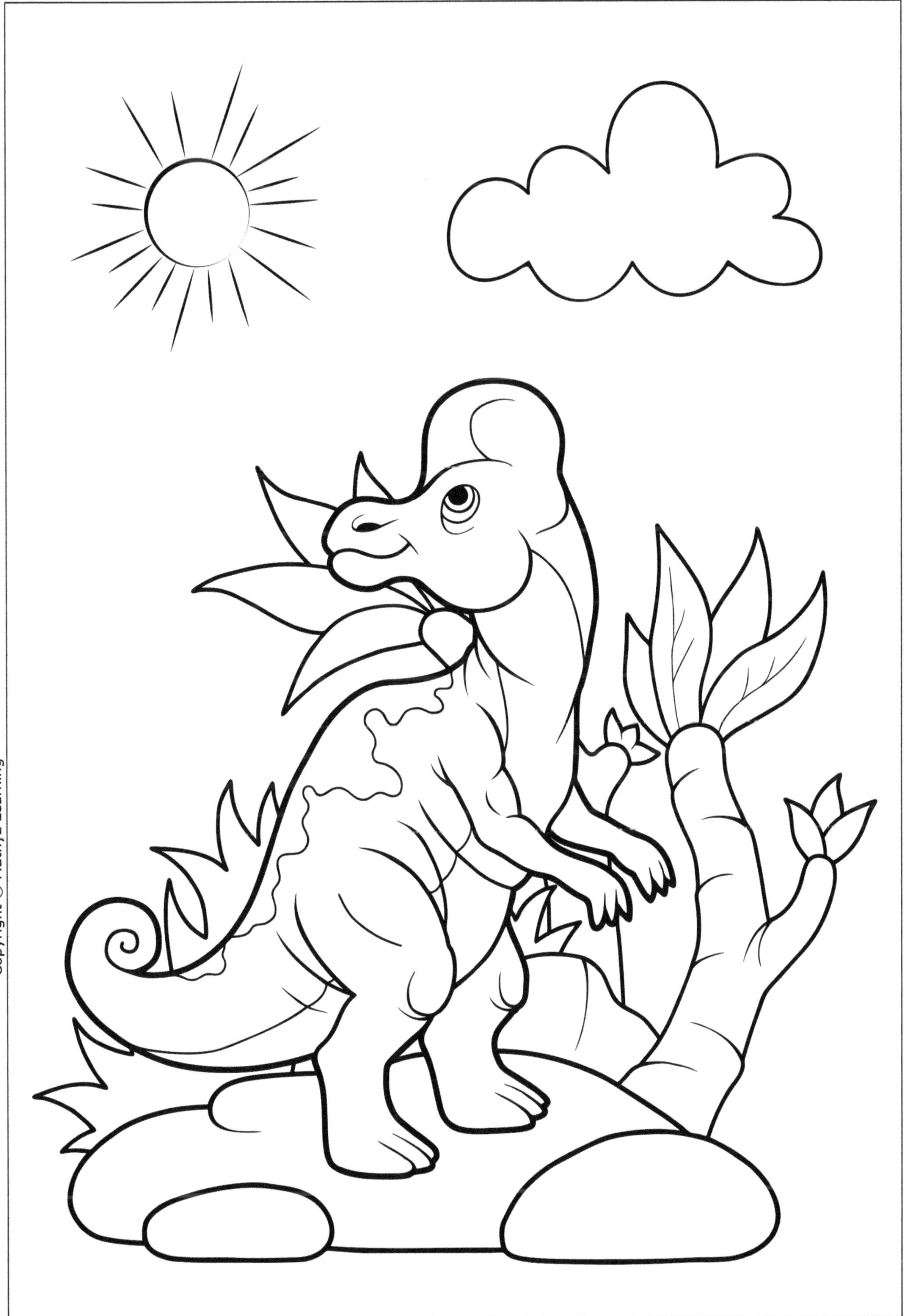

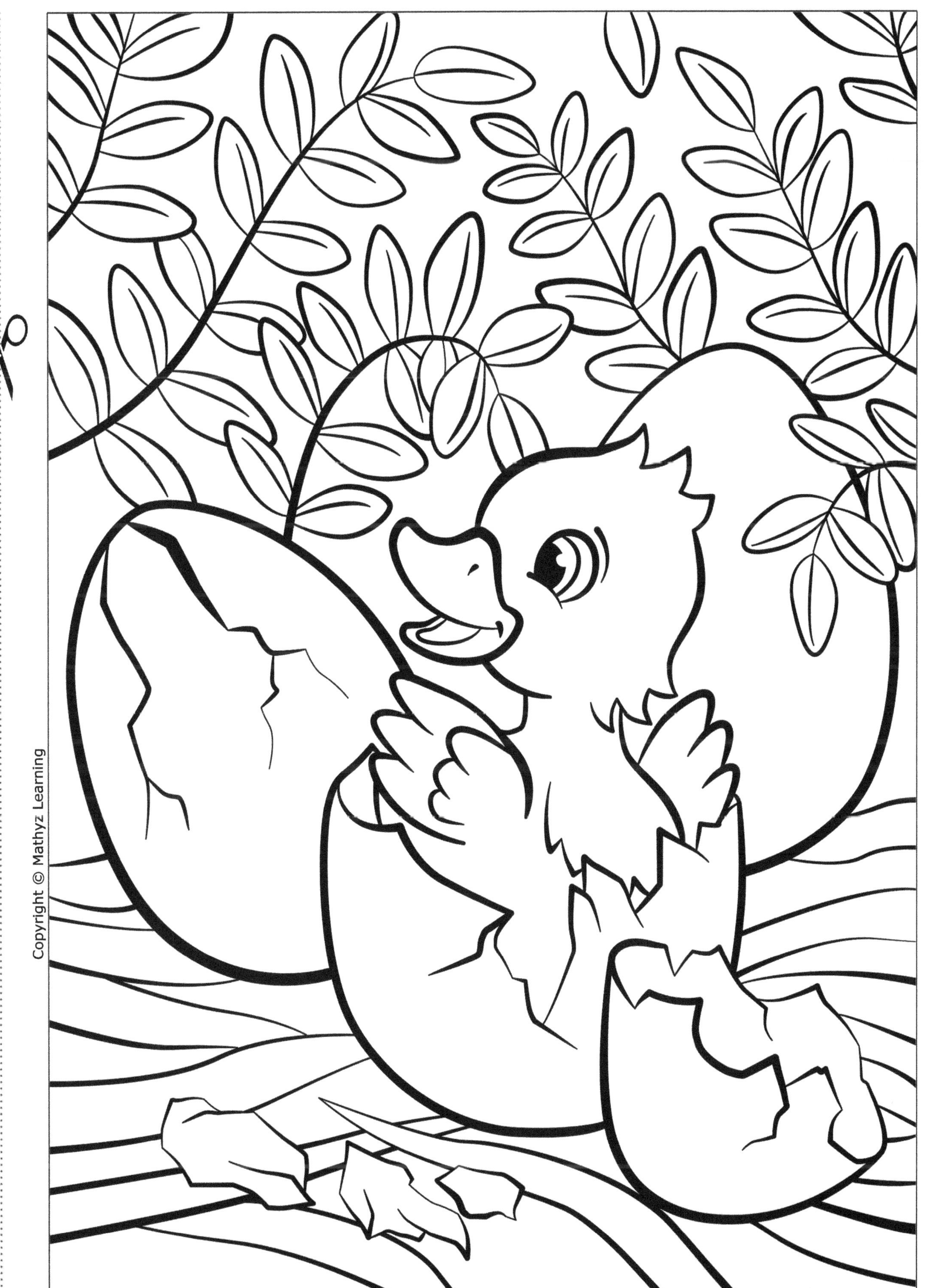

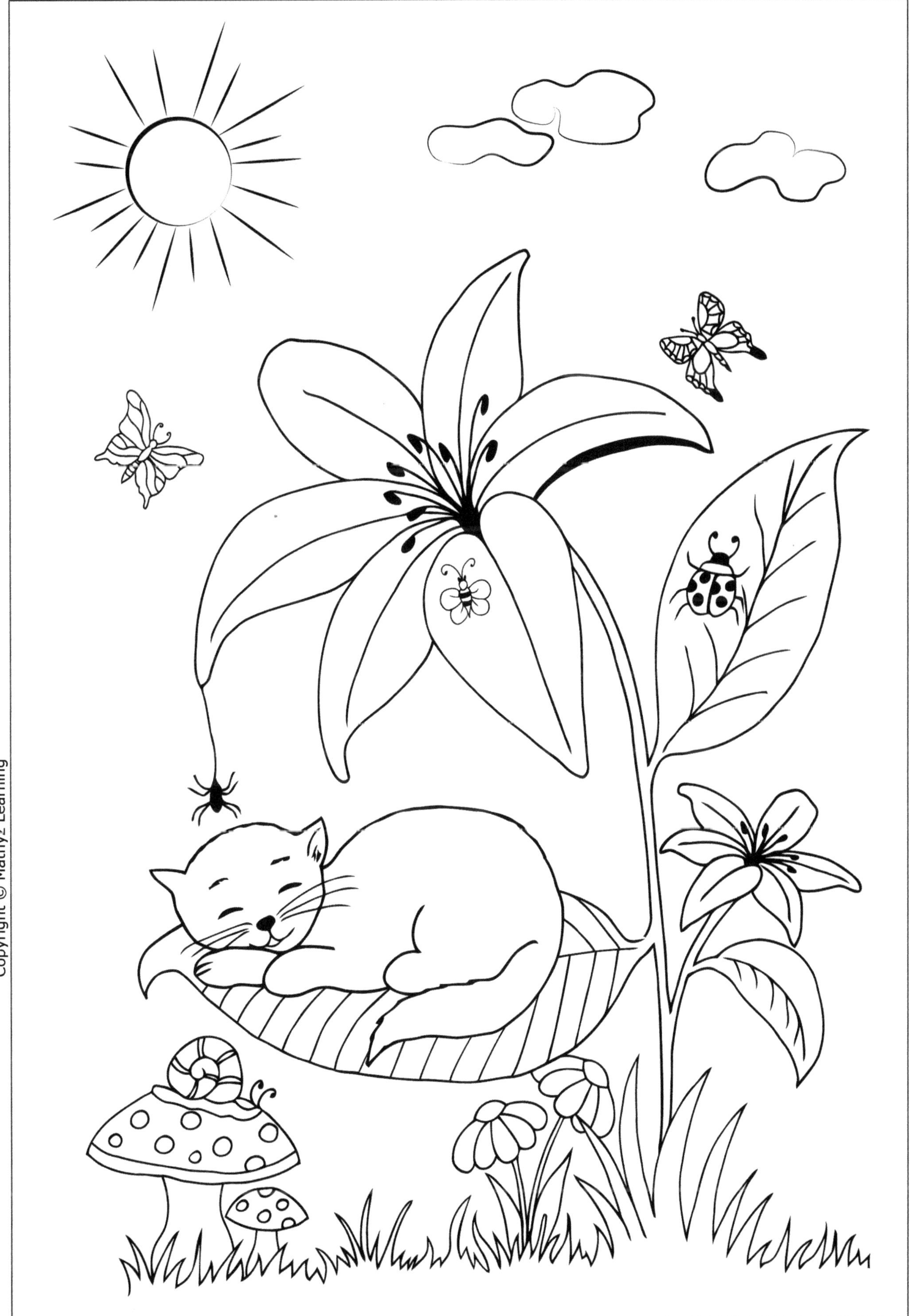

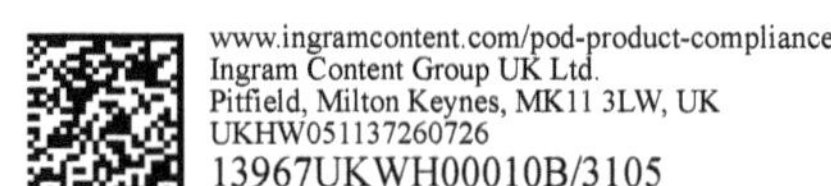
www.ingramcontent.com/pod-product-compliance
Ingram Content Group UK Ltd.
Pitfield, Milton Keynes, MK11 3LW, UK
UKHW051137260726
13967UKWH00010B/3105